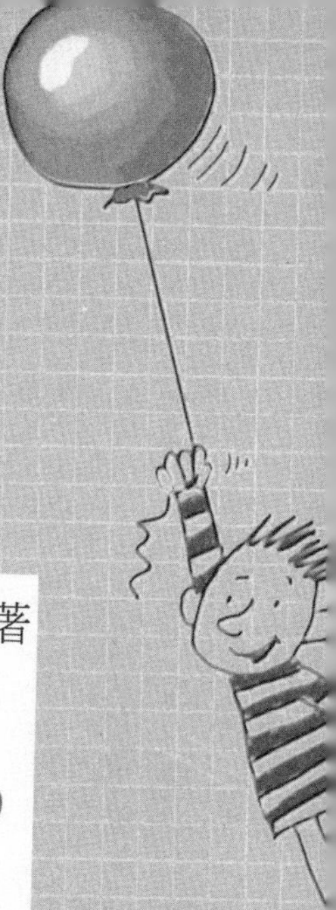

何佳宜 編著

選擇對了，你可以有更走運的人生

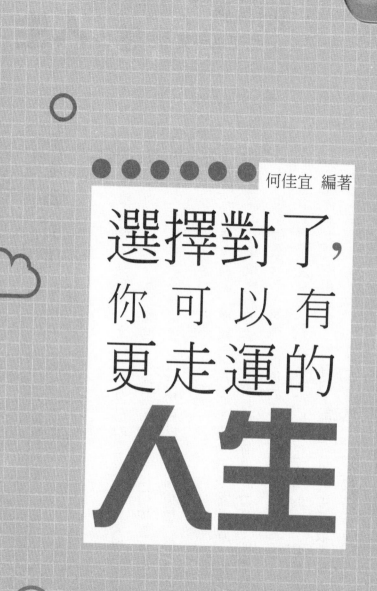

前言

成為積極或消極的人，全在於你自己的選擇。沒有人與生俱來就會表現出好的態度或不好的態度，是你自己決定要以何種態度看待你的生活和人生。即使面臨各種困境，你仍然可以選擇用積極的態度去面對目前的挫折。

保持一顆積極進取、樂觀向上的心，盡量發覺你周圍人和事最好的一面，並從中尋求積極的看法，讓你能有向前走的力量。即使終究還是失敗了，也能吸取教訓，運用於以後的人生中。

生活中不可能沒有失敗和挫折。但問題是，有的人一旦遇到失敗和挫折，就會喪失鬥志和勇氣；而有的人則能從失敗中吸取教訓，獲得經驗，並化為一種前進的動力。這也是兩種不同心態者的差異。

在眾多成功者中，許多人都具有這樣的特點：他們有能力使用「積極心態」的力量。大多數人總是盼望成功會以某種神祕莫測的方式不期而至，可是我們並不具有這樣的條件，即使我們確實具有這些條件，我們也許看不見它們。很明顯的東西往往反會被人視而不見。每一個人的積極心態就是他的優點，這並不是什麼神祕莫測的東西。

經歷失敗困境對於成長中的每一個人來說，就像蠶吐絲結繭，是羽化前必須經歷的階段。但是如果繭太厚，蠶就可能悶死在裡面，永遠不會化成蛾。而在那段日子裡，尤為重要的是你的心態。所以，凡事別氣餒，別抱怨，要學會自己給自己創造條件。只有積極的發掘你內在的因素，你才會發現更多，收穫更多。

目錄

PART 1 目標應有取捨，職業應有選擇

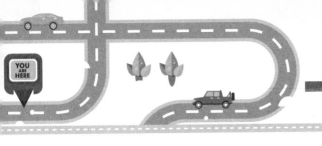

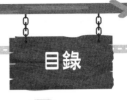

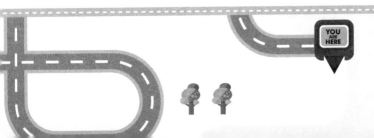

PART 2

捨得付出努力，才能取得成功

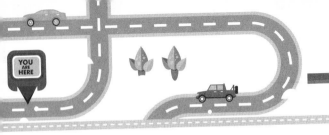

目錄

PART 3 選擇最佳方案，放棄平庸做法

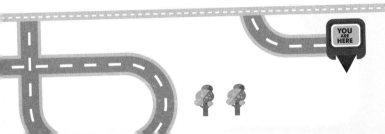

PART4 做人處世既要敢於擔當，又要善於擺脫

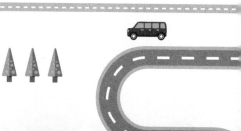

選擇對了，你可以有更走運的人生

Part 1

目標應有取捨，職業應有選擇

「鷹擊長空，翱翔的是矯健的身影；魚翔淺底，蕩漾的是悠閒的漣漪。」萬物景象不同，人生道路不同。對不同目標的取捨之間，便讓生命分出精彩和平庸。

人生沒有崇高的理想，生活沒有長遠的目標，不思進取，不付出艱辛的努力，就不能成就事業的輝煌。生命短暫，一個人想面面俱到，那太不現實了。人生的目標不能制訂得太多，生活要懂得取捨，既充分展示自己的潛能，又避免浮躁和好高騖遠，客觀的設定自己有可能透過努力實現的願望，得體的為自己選擇適合自己的職業目標。

01 人的一生就是一個選擇的過程

林肯：「所謂聰明的人，就在於他知道什麼是選擇。」有人說：「人的一生就是一個選擇的過程。」這句話道出了人生最樸素、最簡單，也是最重要的哲理。因為每個人無論是對生活、愛情與婚姻、友誼，還是對職業、工作、事業等，都有著自己的想法，當一個人為了實現心中所想而採取行動的時候，無論是成功了還是失敗了，都有一種選擇。

在人生旅途中，我們會遭遇許多兩難的問題。選擇就意味著你需要放棄其中一樣，可是有時我們所面對的並非西瓜和芝麻這樣簡單的選擇，它有可能是兩朵美麗的花，兩棵繁茂的樹，讓你兩樣都難拋下。這時，你又該如何是好？其實關鍵的所在，就是我們要看清前路的方向。方向找對了，就是一個成功的開始，而好的開始是成功的一半。

比爾．蓋茲是一位商業奇蹟的締造者，是青年人心目中的偶像，也是一個懂得選擇方向的人。我們一起來看看這位數字英雄的傳奇經歷：

比爾．蓋茲在中學時代，就是一個凡事比同齡人先行一步的孩子。老師要求同學寫一篇千字左右的作文，比爾．蓋茲卻一口氣寫了十幾篇。他所做的最重要的選擇莫過於退學。哈佛大學是多少人夢寐以求的學府，而考上哈佛大學的比爾．蓋茲卻在大三時，毅然決然的選擇了退學。這不是一般人能夠有的決心和勇氣，也只有這樣的決心和勇氣，才使他成為非凡的人物！剛滿二十歲的比爾．蓋茲對電腦十分感興趣，他深信，總有一天電腦會像電視一樣走入千家萬戶。他堅定的信念，不但打動了自己，還打動了夥伴，打動了父母。

試想一下，假如比爾．蓋茲依然在哈佛深造，學習課本上千篇一律的東西，他還有可能革新電腦界嗎？也許他會成為一名白領，但不會成為一個改變世界的人物。

他曾經說過這樣一句激動人心的話：「人生是一場大火，我們每個人唯一可做的，就是從這場大火中多搶救一點東西出來。」本著這種人生短暫如花火的信念，他及時的做出了判斷，而且是當機立斷做出了選擇。

有一個年輕人很想在一切方面都比他身邊的人強，尤其想成為一名大學問家。可是，許多年過去了，他的其他方面都不錯，但學業卻沒有太大的長進。他很苦惱，就去向一位大師求教。

聽完他的傾訴，大師說：「我們一起去登山，到山頂你就知道該如何做了。」那座山有許多晶瑩的小石頭，煞是迷人。每當見到喜歡的石頭，大師就讓年輕人裝進袋子裡背著。很快，他就吃不消了。望望山頂，還遙不可及呢！

於是，他就停下腳步疑惑的望著大師說：「大師，我幹嘛背這個？再背，別說到山頂，恐怕連動也不能動了。」

「是呀！那該怎麼辦呢？」大師微微一笑：「為何不放下呢？背石頭怎能登山？」年輕人愕然，愉快的向大師道謝便走了。從此以後，他一心做學問，進步飛快。

人的精力有限，不可能面面俱到。想要得到一切的人，最終可能什麼也不會得到。這位年輕人其實想成為大學問家，只是又沒法擺脫自己好強的心理，所以在別的方面也下了功夫。這樣一心多用，又豈能真正成就其夢想呢？

在主宰自己命運的過程中，我們遇到的唯一難題便是——選擇。莎士比亞說：「我們知道我們現在是什麼樣的人，但不知道我們可能成為什麼樣的人。」人生的路有千條萬條，每一個選擇下面都蘊涵著不可預知的未來，選對了，未來的生活熠熠生輝、如魚得水、平步青雲；選錯了，未來的生活則很可能陰霾遍佈，甚至會給自己帶來刻骨銘心的傷痛。所以，我們要看清、認準方向。選擇好了一條路，我們的人生境遇也就會全然不同了。

♔

在生活中，要學會審慎運用自己的智慧，做最正確的判斷，選擇屬於自己的正確方向。

02 你選擇接受什麼，就會獲得什麼

在《聖經》中有這樣一則寓言故事：

在眾樹之中，無花果樹被推舉為森林之王。無花果樹說：「在橄欖樹放棄令上帝和大家滿意的果實之後，為什麼我就會為了獲得美好的果實而處於這個位置呢？大家有沒有在乎過我的想法呢？」

這個寓言故事提醒我們：世人不能為了滿足暫時的需求而去做不適合自己的事情。作為統治健壯橡樹和高聳松樹的國王，無花果樹會獲得如此尊敬，就像在國會中處於不適合自己位置的那些政客一樣；但是橡樹和松樹由於地位低下不得不支持無花果樹。在無花果樹統治的王國裡，支持和尊重它就是至高無上的事情。在自己的王國裡，無花果樹具有如此大的權力，但是如果它一旦喪失這種權力，它就再也沒有理由生存下去了。

在很大程度上可以說，你選擇了什麼，你能接受什麼，生活就給你

什麼。有時候，人生就像是一場戰鬥，所以，只要能迅速的減輕肩頭的重擔，我們願意接受任何一種解決方法。

比如說，我們剛從學校畢業，急於找到一份工作，這個時候，任何一份工作都比沒有強；但是，我們的起點決定了我們的收入，而且對將來的發展影響很大。所以說，只有知道自己最終要的到底是什麼，牢牢把握住人生的方向，這才是最重要的！

麥克高中畢業的時候就碰到了這樣的問題。進大學之前，他在達拉斯市區的一家人壽保險公司裡找到了一份暑期工作。麥克在記帳部門，負責把收進來的健康保險費登記到帳本上。

那時的記帳工作完全靠手寫，不到一個星期就能學會。不用說你也知道，這真是一份枯燥、重複、毫無挑戰性的工作！麥克做了兩個星期後的一天晚上，吃飯的時候，爸爸問他喜不喜歡自己的新工作，麥克無比堅決的回答他：「嗨！說實話，我真討厭這份工作！我只希望能熬滿三個月，做到大學開學就好了！」

麥克覺得爸爸好像被他那強烈的情緒嚇了一大跳。麥克沒有告訴爸爸，和自己一起工作的女士們，無論年輕還是年長，都讓他震驚！很明顯，她們和他有著不同的價值觀和道德觀。部門主管對待顧客的態度惡劣極了，讓麥克覺得很難過！這種分歧實在太大了，所以，麥克每天都眼巴巴的盼著五點鐘的下班鈴響。上班時間裡，他對人很有禮貌，但他盡量少說話，只是注意觀察。

正是因為這份暑期打工，麥克開始深刻的認識到——能去上大學真是好幸運啊！他明白了，上大學可以給自己更多選擇的機會，他可以選擇工作的環境，還有工作的同事。

麥克清楚的知道了什麼是自己想要的，什麼是他不想要的。他不願意被迫和自己不喜歡、也不尊重的人一起工作，而教育給了他更多的選擇，他也的確想得到這些選擇的機會。

誰在掌控我們的人生？我們究竟是等著別人丟給我們的一切，還是去獲得自己想要的一切？要得到自己想要的，首先就得知道我們想要的是什麼，然後靠自己去爭取。

多年以後麥克才認識到，他有責任去追求自己想要的一切。夢想不會自動變成現實，在生活中，你必須主動出擊！這也正是《聖經》中的一個基本信條：「尋找，就能尋見。」

♔生活中所有的重大決定都要經過深思熟慮，不要放棄任何機會。你可以、也應該為自己爭取得更多。要弄明白究竟什麼是你真正想要的，然後，毫不妥協的去追尋！

03 找準自己的位置，選擇自己的優勢方向

管理學家白金漢說：「只有善於挖掘和發揮人們的內在優勢和獨特才能，才能讓人更加努力、自信和滿足。」

在生活中我們不難發現，有的人善於做學問，沒有當官的素質，可他非要去從政不可，或不得已被推上某個部門首長，結果在官場上很不得意，學問也耽誤了。類似這種情況屢見不鮮，這就叫「迷失自己」。這種人的失敗，在於沒有找準自己的位置，丟了自己的長處，而用了自己的短處。

凡成功者，都是根據自己的長處來確定自己的人生方向，並堅持住既定的方向，而後如願以償的獲得成功的。堅守自己的優勢方向，就要能禁得起各種誘惑的考驗，不去隨波逐流，不去趕時髦。

馬克・吐溫作為職業作家和演說家，可謂名揚四海，取得了極大的成功。很多人也許不知道，馬克・吐溫在試圖成為一名商人時卻一敗塗地，

吃盡苦頭。馬克．吐溫曾投資開發打字機，最後賠掉了五萬美元，一無所獲；馬克．吐溫看見出版商因為發行他的作品賺了大錢，心裡很不服氣，也想發這筆財，於是他也開辦了一家出版公司。然而，經商與寫作畢竟需要不同的才能，所以馬克．吐溫很快陷入了困境，這次短暫的商業經歷以出版公司破產倒閉而告終，作家本人也陷入了債務危機。

經過兩次打擊，馬克．吐溫終於認識到自己毫無商業才能，於是斷了經商的念頭，開始在全國巡迴演說。這回，風趣幽默、才思敏捷的馬克．吐溫完全沒有了商場中的狼狽，重新找回了感覺。最終，他靠著寫作與演講還清了所有債務。

「尺有所短，寸有所長。」你也許興趣廣泛，掌握多種技能，但所有技能中，總有你的長項。唯有利用你的長處，才能給你的人生增值；相反的，利用你的短處會使你的人生貶值。正如富蘭克林所說的：「寶貝放錯了地方便是廢物。」就是這個意思。

人是複雜的、多面的，既有長處，也有短處；既有優點也有缺點。懂得如何揚長避短，最大限度的表現自己，這是成功的人必備的素質。

聰明的人能夠最大限度的表現自己的才華和優點，使自己具有永恆的魅力。怎樣才能發揮自己的優勢呢？那就不要忘了「盡善盡美」這四個字。事情無大小，每做一件事，總要竭盡全力求其完美，這是成功者的一種標記。

♔ 確認自己的優勢和劣勢，可以有針對性的主攻自己的長項。當一個人知道了自己的優、劣勢，就會自然的揚長避短，努力把自己的特長發揮得淋漓盡致。

04 選擇自己喜歡的事情去做，才容易有所成就

「你一定要做自己喜歡做的事情，才會有所成就。」一八八八年，法國巴黎科學院發起關於「剛體固定點旋轉」問題有獎徵文。有趣的是，徵文規定作者除提供論文外，還必須附一條格言。因為，知識和人格是科學事業騰飛的雙翼。

在許多應徵的論文中，有篇論文所附的格言格外顯眼，極富哲理：「說自己知道的話，做自己應做的事，當自己想當的人。」這句名言出自三十八歲的俄國女數學家蘇菲·柯瓦列夫斯卡娜之手。她實現了自己的格言：「當自己想當的人。」在婦女處於被壓迫、被奴役的悲慘地位的十九世紀，她成了走進法國巴黎科學院大門的第一個女性，成為數學史上第一個女教授。

一位成功學大師指出：「一個人要充分的估測自己，給自己找準位置，充滿信心，真誠的做自己能做的和應該做的事，才有可能成為自己

所希望的那種人。」

被譽為「世界上最偉大的推銷員」的喬．吉拉德的傳奇人生經歷就生動的印證了這一成功思想。

一九二九年，在美國貧民窟裡出生了一位名揚世界的傳奇式人物，他就是喬．吉拉德。說起他的成長經歷可謂曲折。他從懂事起，便開始幫人家擦皮鞋，後又做報童，然後又做過洗碗工、送貨員、電爐裝配工和住宅建築承包商等。據他自己說：三十五歲以前的他，時時不如意，處處碰壁，沒取得任何成就，甚至還欠了一身的外債。朋友均棄他而去，就連妻兒的生活費用都成了問題。因為他還患有嚴重的口吃，以致他換過四十多個工作仍一無所成。為了生存，他開始做汽車業務，步入了他的推銷生涯。

自從事推銷的那一刻起，「你認為自己行，就一定能行」成為他的思想支柱，他相信自己一定能做得到，他以極大的熱忱投入到狂熱推銷工作中。不管在街上還是在商店裡，他逢人即送名片，抓住一切機會，推銷他的產品，推銷他自己。

誰能預料到，三十五歲之前背了一身外債，幾乎走投無路、處於絕望的他，竟然能夠在短短的三年內被金氏世界紀錄稱為「世界上最偉大的推銷員」？他至今還保持著銷售昂貴產品的空前記錄——平均每天賣六輛汽車！他一直被歐美商界稱為「能向任何人推銷出任何商品」的傳奇人物。

在分析吉拉德的成功歷程後，我們會發現，吉拉德成功的要素主要有：首先，他有堅持不懈的精神，這是他成功的重要條件；其次，也是非常重要的一點，他把自己定位在做一名銷售員上，他認為自己更適合、更勝任做這項工作，熱愛這項工作，這是他成功的引力。

在生活中，為了有所成就，首先要成為你自己——就是要知道你能做什麼，你想做什麼，你的優勢是什麼。因為最瞭解自己的終究是自己，你必須確立這一點。否則，你會在眾人的參考意見中丟失自己。

社會上的大多數人，總是羨慕那些事業有成之士，盲目的仿效別人去做某件事，從未瞭解自己是否擅長。他們不能認清自己的專長，瞭解自己的能力，結果自然是徒勞。每個人都有許多能力，但總是有一種能力是最擅長的。只有找準最擅長的事，才能最大限度的發揮自己的潛力，調動自己身上一切可以調動的積極因素，並把自己的優勢發揮得淋漓盡致，進而獲得成功。反之，那些不知道自己擅長做什麼事的人，總是在彆扭的做著自己不喜歡、不擅長的事，以至於工作中沒有足夠的熱情，不能脫穎而出，更談不上成就大事了。

要改變自己目前的狀況，要讓自己更有自信，要讓自己做事更有成效，我們就必須做出更好的決定，採取更好的行動。

假使你不喜歡一件事，只是為了「錢」或其他東西而不得不與之為伍，十年、二十年之後，有一天你可能會猛然發覺，自己的人生竟然如此貧乏，耗盡半生光陰卻沒有做過一件令自己快樂的事。

如果你選擇自己喜歡的事去做，即使賺錢不多，卻樂此不疲，結果你反而會發現，由於堅持所愛，不僅讓你徹底發揮了才能，甚至終能闖出一番不凡的局面。

比爾是兩家規模不算太小的企業的董事長，卻放著老闆不當，半路出家演起舞台劇來。

舞台上的比爾是個十足的耍寶大王，非常放得開。據說，他曾經有過「讓觀眾從椅子上笑得摔下來」的記錄。

起初，比爾只是基於好玩，應邀在太太參與的婦女社團中反串，男扮女裝演出蝴蝶夫人、老岳母等角色。有一回，他在台上表演，台下坐的來賓中正好有一位著名導演，這位導演「發掘」了比爾的表演才華。

比爾的處女作是參與表演《廚房鬧劇》，他在劇中飾演一名銀行家，角色頗具喜感。比爾興致勃勃的招待一些企業界的朋友前去觀賞，有人對他初試啼聲的演技大加讚賞，有的朋友卻認為他是在作踐自己。

比爾不介意別人怎樣看他。他說自己的玩心很重，經營事業和演戲這兩件事對他來說，前者是副業，後者才是正業。他不諱言演戲讓他得到更多的成就感。

不像很多企業家那樣一心只想追求利潤，擴充事業規模，比爾自稱是個沒有什麼企圖心的人。「我只想讓自己快樂。」他觀察到，企業界老闆中不乏把事業擺在第一位的工作狂，但他認為，即使自己每天玩命的工作十幾個小時，業績增長充其量不過百分之五到十而已，個人生活卻徹底被犧牲了。

做選擇的確很難，不會有人告訴你如何選擇好壞、對錯。唯一的衡量標準就是，一旦做起來感覺興味盎然，那就對了！不要遲疑，趕緊去找一份讓你充滿幹勁的事來做，如果你願意為了這件事每天迫不及待的全力投入，那麼，距離美夢成真就不遠了！

人生本來就需要做選擇，但是一定要做「對」的選擇，祕訣就是「擇你所愛，愛你所擇」。現在你就要問一下你自己了：我現在到底在做什麼？我現在所做的能夠為自己帶來什麼？我喜歡目前的處境並願意堅持下去嗎？如果你的答案是不喜歡，那麼你想做什麼？你希望做的又能給你帶來什麼？只有把這些問題弄清楚了，你才可能成功。

♔

一定要選擇走正確的路，在屬於你自己的路上勤奮！記住這句話：一個自己最想要的智慧選擇，勝過千萬個忙碌的打拼。

05 要果斷放棄與自己天性相差甚遠的職業

「就像世上沒有完全相同的兩片樹葉一樣，世上也沒有完全相同的人。每個人都具有獨特的、與眾不同的心理特點，也總存在著一些更適於他做的工作。」今天，人們開始比以往更多的考慮從為數眾多的可能性中為自己選擇職業。職業選擇的過程是一種決策過程，是將個人特點與工作需求最大限度的相匹配的過程。

羅格·阿斯蓋姆說：「一個不知道在什麼時間做什麼事的人是無知的。這使得有些人一心希望發財致富，但是他可能只適合享受貧窮；有些人一心想當法官，但是他的天性決定他更適合做運輸工作；一些人一心想成為上位者去統治他人，但是他連自己都管理不好；一些人想教授他人，而他卻是最應該學習的人；一些人一心想成為牧師，但是他的天性更適合待在辦公室。」

在世界上幾乎有一半的人正從事著與本身天性相差甚遠的職業。這就像是生活在雜亂無章的秩序中一樣，每一個人都處於錯誤的位置上。售貨員想要做老師，而天生可以做老師的人卻在管理商店；天生適合做農民的人卻從事與法律有關的職業，正在做那些褻瀆法律的事情；而擅長物理學的人卻在管理境況窘迫的農場。

事實上，很多人都已經意識到了不得志所帶來的痛苦。那些只能在工廠中做繁重工作的窮苦孩子們，由於無法全心全力投入到他們所熱愛的希臘語和拉丁語學習中，而變得非常憔悴；很多本來能夠很輕鬆的勝任農場和水手工作的孩子，卻在大學裡做著大量他們並不喜歡的功課。如果一個只適合粉刷柵欄的人，徒有其名的從事著藝術工作，最終也只會是徒勞無功。如果是對售貨無任何興趣的店員，在接待顧客和出售商品的時候就會表現得不耐煩，這不僅不利於本人的發展，也影響了他人的正常狀態。

專家指出，在確定職業方向方面，有兩種極端的觀點是值得警惕的。一種極端的觀點認為：每個人都可能在任何工作上獲得成功，每種工作都可能由任何人做好。這種觀點是站不住腳的。很顯然，一個有色盲的人，就不能勝任從畫家到化驗員的許多種工作；許多人由於自身生理、心理特點的局限，不能成為一名高速戰鬥機的駕駛。

另一種極端的觀點認為：對於每個人來說，都存在著一種最佳職業；對於每一種工作來說，都存在著一類最佳人選。這種觀點也是站不住腳的。事實上，對於具有某種生理、心理特點的人來說，他都可能在若干職業上獲得成功。這些職業對人的生理、心理特點有相似的要求。例如，對於一個思維敏捷、長於言談、性格外向、喜好與人交往、有感染力的人來說，他既可能在政治領域中獲得成功，成為一位出色的政治家，也可能在經濟領域中獲得成功，成為一位有名的企業家。對於某一種特定職業來說，也可能由具有非常不同的生理、心理特點的人來完成。例如，一個成功的軍事家，既可能具有暴躁、外向的性格，也可能具有穩重、內向的性格。

只有很少的人可以在幾乎一切工作上都能得到滿足和獲得職業上的成功；只有很少的工作（如馬路清掃工作）是幾乎任何人都可以勝任的。即使是馬路清掃工作這種幾乎什麼人都可以勝任的工作，也並不能給所有的人（甚至不能給多數人）帶來滿足感。對於大多數人來說，總有一些工作更適合他的特點；對於大多數工作來說，也總有一些更適於承擔之人。為了獲得職業上的成功，為了生活得更好，有必要更多的瞭解和更準確的認識自己的心理特點，更多的瞭解自己的長處和短處。

一位西方名人曾經說過：「一個人一生只能做一件事。」他所說的一件事，實際上就是指某一項宏大的事業。一個人本事再大，精力再多，壽命再長，無論如何，也不可能把三百六十行都嘗試到，他所能做的事情實在是有限的。因而，一個人要實現人生的價值，就得珍惜這有限的時間，就得選擇最適合於自己去做的事。不要什麼都做，結果什麼都做不到極致，既浪費了時間也浪費了生命，徒留悲切在心中。

最適合自己去做的事，也就是自己最感興趣的事，自身素質能夠滿足要求的事，客觀條件許可的事，這幾種因素缺一不可；再加上恆心和毅力，才能有希望做好，有把握做好。

每一個人都有自己的興趣、愛好，都有自己擅長做的事。因此，要取得成功，就要把自己奮鬥的目標定位在自己所熱愛的事業上，不能選擇自己興趣不大或者毫無興趣的事。

例如，一個人自小就喜歡音樂，渴望將來成為一個音樂家，於是成年後便把自己追求的目標確定在音樂事業上，可以說他成功的可能性是比較大的。事實證明，所有的音樂家都是這樣成材的。假如他不喜歡音樂，一直討厭五線譜，那麼如果強迫他去學唱歌或學習演奏樂器，他必定不會有多大成就，最多只能把從事這項職業當做養家餬口的手段。

無論做什麼事，都要自身的基本素質所許可。如果是一些特殊的職業，對一個人自身的條件要求會更高。有的職業對身體素質要求比較高，如：運動員、演員、飛行員、時裝模特兒等等；有的職業對智力要求比較高，如：科學家、作家、商業策劃人員等等；有的職業則要求所從事的人員綜合素質好，如：政治家、外交官、電視節目主持人、高級管理人員等等。還有一些特殊的職業，則對人的某一個方面有特別的要求，一般人難以從事這些工作，例如品酒員，則要求有獨特的味覺和嗅覺等等。

因此，光有愛好、興趣還遠遠不夠，還必須具備從事這項職業所需要的身體或智力條件。就像很多人都羨慕運動員、演員的風光，但是，要想使自己成為一個運動員或演員，那不是靠愛好、靠勤奮努力就能夠做到的。

具有良好的自身條件，還不能認為做什麼事就一定能成功，還需要一定的客觀條件，客觀條件許可才能成功。例如，農民種植作物，關鍵是要有種子，但是有了種子不播種在田地裡是不行的；播種在土裡，如果季節不合適、沒有雨水、沒有陽光等等仍然是不行的。可見，客觀條件與主觀條件一樣重要。

也就是說，一個人要取得事業上的成功，主客觀方面的條件都要具備才行。而最重要的，是要準確的認識自己，瞭解自己的長處和短處，要揚長避短，千萬不要去做自己不適合做的事。要區分什麼是興趣、愛好，什麼是自己的特長，不能把這兩種混為一談，更不能優劣顛倒，把短處當長處。

生活中許多人之所以不能取得成功，或者成就不大，有很大一部分原因，就是這些人不能認清自己所處的環境和自身條件。結果許多人盲目的去做自己不適宜做的事，失敗或成就很小乃是必然的事。

例如，有一些人，由於讀了一些文學作品，也瞭解一些作家的佚聞趣事，但基本的文學功底還不具備，就要立志去做一個作家，埋頭著書立說，這樣的人要成為一個真正的作家是不太可能的，就是在報刊上發表幾篇文章也不是容易的事，這實在是浪費自己寶貴的年華。如果用做這些不可能成功的事的時間和精力，去做適合自己做的事，也許早就有所成就了。

♔ 做自己適合做的事，即使一時成功不了，堅持下去也必有收穫；即使得不到巨大的成功，也不至於一無所獲。這就是成功的祕訣。

06 選取容易成為獲勝者的職業目標

如果你喜歡你所做的，你就會取得較高的成就，你就能發揮出你特有的創造性才能。哈佛大學的一項研究指出，許多把自己說成是「不具備智力天才」的百萬富翁，在事實上是另一類天才。他們具有豐富的實際經驗，並具有某些創造性的素質。否則，我們又如何解釋他們有能力發現經濟上的機會，而大多數所謂的天才卻無法看到這種機會呢？

如果你能正確的做出重大的經營決定，那麼你就能成為經濟上的有成就者；比如你能創造性的選擇理想的職業，那麼你就更易成功。真正風光的百萬富翁是那些選擇了自己所喜愛職業的人——一種幾乎沒有競爭者而只有高收益的職業。

選擇職業就像是建造住宅。如果你把住宅建在不太理想的地方，如果你的地基是在沙子或沼澤上，那麼只會給你帶來麻煩。你可以在地基以上的部分花上幾百萬美元，但那仍解決不了問題——你的住宅還是不穩固。因此，你必須花很大的氣力不停的處理沙子、水和沼澤。

這是一場你絕不可能獲勝的戰役。然而，如果你的地基是在岩床上，那麼你的住宅就會輕而易舉的禁受住風雨，那你就用不著花那麼大的氣力了。

如果你選擇了具有岩床基礎的理想職業，那麼你將如何做呢？假如你是商人，你應當喜歡自己生產的產品，喜歡你的顧客和供應商。此外，你還必須更多的瞭解你的產品市場。你的顧客並不在乎你唸大學時的成績如何。對他們來說，你是有價值的。

也許你會因那些優秀學生、智力天才而自感慚愧。那些被認為是天才的人往往覺得自己在經濟上是無敵的；他們經常設想自己優勢的智力將來會轉變成豐厚的收入和巨大的財富。但是，那些對此堅信不移的人總會在睡夢中被殘酷的電話叫醒。他們所選擇的職業多數充滿了競爭者，而且這些競爭者也都具有很高的分析能力。

他們也許只是近二十年來畢業的成千上萬的工商管理碩士之一；他們也許因為是畢業於著名商學院的優等生而受到大公司的僱用；他們也

許直接從那種學校進入了混戰之中。他們不知不覺的進入了社會經濟中的一個幾乎沒有常勝冠軍的領域。不妨問一問已到中年的工商管理碩士，他們在過去的二十年中經歷了多少次混戰，被擊中了多少次，失敗了多少次。

當然，他們也曾聰明過。但從哈佛走出的，甚至是最好最聰明的工商管理碩士，他們中的一些人在多數的混戰中都失敗過。對於獲勝而言，你將要戰鬥的地方比起你在作戰前所做的一切都要重要得多。

為什麼不選擇一個更能輕而易舉成為獲勝者的職業和目標呢？人們更容易喜歡上為生計而從事的工作，認為這在多數情況下可以獲得成功。而大多數百萬富翁在初涉世事之時，就已經學會了與眾不同的思考。

他們在如何選擇正確的職業上考慮得很多。例如，要選擇依據經濟學和心理學規律對他們有利的職業。否則，他們就會逆潮流而動。在一般人當中，有少數人會老老實實的說，他們現在的職業能夠使他們充分發揮自己的才能。但是百萬富翁們卻不同，他們的智慧就在於依照他們的才能選擇理想的職業，他們渴求成為經濟上獨立自主的人。他們不會在人才市場上找到自己滿意的職業。他們許多人都具有直覺，同時也具有創造性。他們能夠敏銳的抓住各種奇妙的經濟機會。

許多百萬富翁雖然不是智力天才，但卻有另一種才華。他們很聰明，知道與自己班上的高材生在同一個行業裡競爭並不是一個好主意，所以不考慮去當律師或當醫生，而是去尋找經商的機會，而那恰恰是收益高、競爭對手少的行業。顯然，他們擁有某種類型的能力——主要是具有許多創造性的能力。

在美國，絕大多數經濟上的成功者都聲稱自己是具有創造性能力的人。所以，如果他們在分析智力上的等級不高，那又會怎麼樣呢？他們通常無法進入要求苛刻的研究所或有競爭力的專業學院，但他們在經濟領域裡是個大贏家。

具有很高創造性能力的百萬富翁經常會正確的做出一個非常重要的事業上的決定：他們選擇一個能獲取巨大收益的且正好是他們所喜歡的職業。

具有分析智力的人，往往選擇那些充滿競爭者的職業，而且會發現他們並不喜歡他們的選擇。即使是天才，如果不是全心全力的投入，也很難在一場經濟競爭中獲勝。

研究顯示，有百分之四十六的百萬富翁認定「熱愛自己的事業或生意」是解釋其經濟成功的一個非常重要的因素。另有百分之四十認定這一因素為重要因素。也就是說，有百分之八十六的百萬富翁相信，熱愛自己的職業對於解釋他們所取得的百萬富翁的地位是有意義的。

♔ 有創造性能力的人往往喜歡他們自己選擇的職業，而這正是他們一生成功的主要原因之一。

07 明智選擇真正適合自己的目標

英國詩人布朗寧在《一個數學家的葬禮》中寫道：「實事求是的人要找一件小事做，找到事情就去做；空腹高心的人要找一件大事做，沒有找到則身已故。實事求是的人做了一件又一件，不久就做一百件；空腹高心的人一下要做百萬件，結果一件也未實現。」

布朗寧的這首詩生動的說明了制訂的目標必須「恰當」、「現實」的重要性。在為自己制訂目標的時候，一定要懂得量力而行，只有適合你的目標才可能是最好的目標。

當你問一個人，他的生活目標和遠大理想是什麼的時候，他可能會回答：「我還不知道我到底適合做什麼，但是我深信只要勤奮努力就能獲得成功。總有一天我會找到我究竟適合從事什麼行業。」

擁有這種想法的人絕對是錯誤的。難道那些希望發現金礦或者銀礦的人，為了自己想要找尋的東西，就要把整個世界都翻遍嗎？那些總是四處張望、不知道怎樣工作的人，只是在浪費時間，最終一無所獲。沒有確立明確的奮鬥目標，即使獲得成果，也未必就是明確的東西，因為我們還不知道自己最需要什麼。只有沿著確定的方向全力以赴，我們才能飽嘗達到目標時的喜悅。「很多昆蟲都曾留戀花朵的芬芳，但是只有蜜蜂最終採到了花蜜。」

一個好的目標必須具備下列幾項要求，缺一不可：

一、目標應該是明確的

有些人也有自己奮鬥的目標，但是他的目標是模糊的、廣泛的、不具體的，因而也是難以把握的，這樣的目標跟沒有差不多。

比如，一個人在青少年時期確定了要做一個科學家的目標，這樣的目標就不是很明確。因為科學的定義太廣，究竟要做哪一個學科的科學家，確定目標的人並不是很清楚，因而也就難以把握。

目標不明確，行動起來也就有很大的盲目性，就有可能浪費時間和耽誤前程。生活中有不少人，有些甚至是相當出色的人，就是由於確立的目標不明確、不具體而一事無成。

二、目標應該是實際的

一個人確立奮鬥的目標，一定要根據自己的實際情況來確定，要能夠發揮自己的長處。如果目標不切實際，與自己的自身條件相去甚遠，那就不可能達到。為一個不可能達到的目標而花費精力，跟浪費生命沒有什麼兩樣。

三、目標應該是專一的

一個人確定的目標要專一，而不能經常變換不定。確立目標之前需要作深入細緻的思考，要權衡各種利弊，考慮各種內外因素，從眾多可供選擇的目標中確立一個。一個人在某一個時期或一生中一般只能確立一個主要目標，目標過多會使人無所適從，應接不暇，忙於應付。

生活中有一些人之所以沒有什麼成就，原因之一就是經常確立目標，經常變換目標，所謂「常立志」者就是這樣一種人。

四、目標應該是特定的

確定目標不能太寬泛，而應該確定在一個具體的點上。如同用放大鏡聚集陽光使一張紙燃燒，要把焦距對準紙片才能點燃。如果不停的移動放大鏡，或者對不準焦距，都無法使紙片燃燒。

這也跟建造一座大樓一樣，圖紙設計不能只是個大概樣子，或者含糊不清，而必須在面積、結構、款式等等方面都是特定和具體的。目標應該用具體的細節反映出來，否則就顯得過於籠統而無法付諸實施。

五、目標應該是長期的

一個人要取得成功，就要確立長期的目標，要有長期作戰的思想和心理準備。任何事物的發展都不是一帆風順的，世界上沒有一蹴而就的事情。有了長期的目標，就不怕暫時的挫折，也不會因為前進中有困難就畏縮不前。許多事情，不是一朝一夕就能做到的，需要持之以恆的精神，必須付出時間和代價，甚至一生的努力。

六、目標應該是遠大的

目標有大小之分，這裡講的主要是有重大價值的目標。只有遠大的目標，才會有崇高的意義，才能激起一個人心中的渴望。戴高樂說：「眼睛所看著的地方就是你會到達的地方。唯有偉大的人才能成就偉大的事，他們之所以偉大，是因為決心要做出偉大的事。」教田徑的老師會告訴你：「跳遠的時候，眼睛要看著遠處，你才會跳得更遠。」

如果你是一個學生，只為分數而學習，那麼你也許能夠得到好分數；但是，如果你為知識而學，那麼你就能夠得到更好的分數和更多的知識。如果你為做生意而努力，那麼你可能會賺很多錢；但是，如果你想透過做生意來成就一番事業，那麼你就有可能不僅賺很多錢，而且會成就一番大事。如果你只為薪水而工作，你有可能只能得到一筆很少的收入；但是，如果你是為了你所在公司的前途而工作，那麼你不僅能夠得到可觀的收入，而且你還能得到自我滿足和同事的尊重。你對公司所做的貢獻越大，意味著你個人所得到的回報就會越多。

♔

設定目標有一個重要的原則，那就是它要有足夠的難度，乍看之下似乎不易達成，可是它又對你有足夠的吸引力，使你願意全心全力去完成。當我們有了這個心動的目標，若再加上必然能夠實現的信念，那麼就可說成功了一半。

08 一定要把握好自己的擇業期望值

所謂擇業期望值，就是指你要獲得的職業位置對你在物質、精神上的需求滿足的程度。如：工資收入、福利待遇如何？工作環境和條件怎樣？你的能力、特長和抱負能否得以施展等等。

一般說來，每個人都希望獲得一份能更多、更好的滿足自己的物質生活和精神生活需要的工作。但是必須看到，要使這種需求變為可能，要受到自身條件和客觀因素的制約，如果不能把握好這個「度」，就難免走入擇業的誤區。

把握擇業的期望值，從思想觀念上講，應注意防止和克服這樣幾種錯誤傾向：

一、貪圖虛榮的思想

由於虛榮心作怪，一些年輕人在選擇職業前不顧主客觀條件，一心只想找一份「讓人羨慕的工作」。其結果要麼因超越現實而敗北，要麼進去後才能無法得到施展。

二、貪圖享受的思想

優越的待遇與條件往往對年輕求職者最有誘惑力，但也是最容易使年輕人導致擇業失敗的誤區之一。有的人只重金錢，只圖實惠，只要賺錢多，做什麼都行。還有的只考慮地點，不選擇專長，只想留在大城市過便利的生活。這種只圖一時實惠和享受，不從個人發展的長遠考慮的思想，不僅是不可取的，也是不現實的，所以難免會碰壁。

三、貪圖安逸的思想

害怕艱苦，不願到艱苦的生產第一線工作，這也是導致一些年輕人擇業出現偏差的重要原因。有幾分耕耘，便有幾分收穫。人生猶如一個競技場，不想付出艱苦的勞動，便無法得到社會的承認。

把握擇業的期望值，從方法上來說，應注意如下兩點：

一、防止偏離自己的擇業目標

擇業目標的確定要從自身的特點和社會的需要考慮，確定擇業期望值也應如此。如果偏離自己的興趣、專業特長和實際能力去選擇，你就失去了自己的優勢，偏離了自己的擇業目標。

二、防止期望值過高

期望值過高容易使你陷入兩種困境：一種是由於超出現實的可能，使你在擇業時屢屢失敗；再一種是即使僥倖獲勝，也會因自身能力不足，工作無法勝任而處於被動。

調整擇業的期望值，通常採用的是「按部就班」和自我調整的辦法。所謂「按部就班」，即確定一個總的期望值，再將總的期望值分段實施。在實行過程中，如果發現自己所選擇的階段期望值過高，就把它移作下一階段的期望目標。自我調整，就是自己對職業位置的希望，要按其主次分成不同層次，首先滿足主要的需求，然後根據實際情況依次進行必要的調整，直到個人意願與社會需求二者相吻合。

♔

一個人的擇業目標能否實現，除了個人才能、機遇等條件之外，主要決定於自己對擇業期望值高低的選擇。

09 妥善處理職業選擇與現實之間的矛盾

以社會的需要作為自己職業選擇的首要前提，在服從社會需要的前提下，再根據自己的主客觀條件設計出既符合社會需要，又適合自己實際的職業目標。這是自我職業選擇必須堅持的基本原則。

職業理想是社會理想、道德理想和生活理想的反映，同時又是這些理想得以實現的憑藉。人們為了生存和生活，必然要從事一定的職業。為了使自己能夠在社會中謀得一個比較好的職業，人們又必然產生對自己希望從事的職業的嚮往。

人應當選擇自己喜愛的職業。但是，在現實中，有的能夠如願以償，有的則與現實相差很遠，使理想與現實發生矛盾。

正確的職業選擇關鍵是要處理好個人願望和社會需要的關係。每個人都會有對自己職業的美好願望，這是很可貴的。但是，願望畢竟不是現實。要使願望變為現實，就必須使自己的主觀願望與客觀的社會需要相一致。

人類社會的職業隨著生產和需要的發展日趨複雜，經過無數的分化和組合，已經形成了現代社會千百種的職業和行業。每一種職業都是社會發展所必需的，缺少哪一種職業社會的物質生活和精神生活都難以進行。一個人在進行職業選擇的時候，就必須正視這種社會對人才的多樣性需要，認識到不管從事哪種職業都是社會所必需的。

因此，當一個人的職業選擇與現實發生矛盾的時候，首先在認知上就要面對現實，從現實出發，根據社會需要調整、修改自己的職業理想偏差。在人的一生中，由於職業的更換或環境改變，職業選擇與現實的矛盾是經常發生的。這就要求人們經常的對職業理想和現實的矛盾不斷進行調整，使自己的職業理想不斷的接近現實。

其次，在職業理想與現實發生矛盾時，在行動上要適應現實的職業環境，培養職業興趣和感情，使自己真正熱愛本職工作。理想與現實的矛盾，意味著自己的職業願望與實際從事的職業無法劃上等號，在這種情況下，我們不但要在認識上校正自我理想與現實的偏差，而且更重要的是在行動上努力適應職業環境，充分認識職業在整個社會需要體系中的重要性，培養自己的職業興趣和感情，做好本職工作，盡快完成從不適應到適應的轉變。

♛ 人們一旦熱愛自己的本職工作，在自己的本職崗位上做出了成績，就容易得到有效的正面反饋，進一步增加對本職工作的感情，從而不僅把工作崗位當作自己的職業，而且可以作為為之而不懈奮鬥的事業。

10 敢於追求卓越，改變畫地自限的做法

歐爾．奈丁蓋爾說：「要謀求幸福，我們的人生就不能沒有一個遠大的目標。」

一位成功學大師曾講過這樣一個故事：

許多年前，他在旅行途中看見一個漁夫正在往上拉魚網。但他注意到，那漁夫總是將大魚放回去，只留下小魚。

他好奇的上前問那個漁夫：「為什麼只留下小魚，放回大魚？」漁夫答道：「老天，我是不願這麼做，但我實在別無選擇，因為我只有一個小鍋子。」

許多時候，當我們想到一個大的主意時，往往會告訴自己：「天啊！可別來個這麼大的！我只有一個小鍋子呢！」我們更常常自我安慰道：「更何況如果是一個好主意，別人早該想到了。就請賜給我一個小的吧！不要逼我走出舒適的小圈子，不要逼我流汗！」

在我們每個人的生命中，都會面臨許多害怕做不到的時刻，如果不敢追求卓越，就會畫地自限，使無限的潛能只化為有限的成就。

不少人準備寫一本書、爬一座山、打破一項紀錄或做出一項貢獻。開始時，他的夢想與野心毫無限制，但是在生活的道路上，並非一切都是那麼隨心所欲，他會好幾次碰壁。這時候，他的朋友與同事會消極的批評他，結果他就容易受到消極的影響，認為自己的目標「超越了自己的能力」。

「容易受消極的影響」的人，只會給自己找到失敗的藉口而不是成功的方法；那位熱心的廚具推銷員卻不是這樣。他自己不但不容易受消極影響，還擺脫了「失敗者的藉口」，同時設定了一個偉大的目標。

他的長期目標就是：打破紀錄，並成為世界上最好的廚具推銷員。他有每天的目標：每一工作日都要賣出三百五十美元的產品。這樣便得到一個結果：一年內生意增加三倍。很巧的是，他又應用這些「達到目標」和「跳蚤訓練原理」，一舉而成為美國演說家和銷售訓練員之一。他還在各地的研究會中教其他人如何達到他們的目標。

有限的目標會造成有限的人生，所以在設定目標時，要盡量伸展自己。班・費德溫二十九歲那年，進入紐約人壽保險公司。

第一年結束，費德溫共成交了一百六十八張保單，但是大多數的保單都是一些不足五百美元的小保單，總額加起來只有二十五萬兩千美元。一九四四年，費德溫向前邁進一大步，在前兩個月裡，他的業績超過五十萬美元。但是費德溫仍不滿意。雖然平均保單從以前的一千三百美元提到近兩千美元，但這離費德溫的目標還有很大的距離。

費德溫請教當時他的經理安卓先生：「安卓先生，我遇到了麻煩，想聽一下你的寶貴意見。」在仔細聽完費德溫所有的麻煩之後，安卓對他說：「班，你想不想做一些事，那是我們公司在俄亥俄州從來沒有人做過的事。」

「什麼事？」

「十二個月內成為百萬圓桌的會員。」

費德溫聽完後，感覺到不可思議：「十二個月要達到百萬圓桌的資格？」自己的潛在客戶都快開發完了，而且還不知道下一張保單從哪裡來。但費德溫心想，反正又沒什麼損失，於是說：「要怎麼做呢？」

「成為計劃銷售專家，打入小型企業保險領域。小型企業有無窮的潛力，但是你得先做好研究。你要追求更好、更大的業務。記住：用玩具氣槍殺不死大象。」

安卓先生講完後，費德溫思考了一下，他明白自己哪兒出了差錯：因為以前自己眼光一直不夠遠大，也沒有一個遠大的目標。這就是先前困擾費德溫的難題。

這次，他制訂了遠大的目標，他以旺盛的精力和體力，全力朝目標邁進。他的保單增加了三倍，在一九四五年六月成交了兩百二十四件保單，保額達一百一十萬美元，首次達到百萬圓桌會員的資格。

一個人未來的一切都取決於他的人生目標。人生目標可以重塑一個人的性格、改變一個人的生活，也可以影響他的動機和行為方式，甚至決定命運。我們的整個生活都是在人生目標的指引下進行的。如果思想蒼白、格調低下，生活質量也就趨於低劣；反之，生活則多姿多彩，你就會盡享人生樂趣。

♔ 沒有遠大目標的人，雖有巨大的能力，卻很難取得巨大的成功；遠大的目標可以讓人創造成功的火花，使人取得重大成就。要發揮自身的潛力，你必須全神貫注於自己的優勢，並且鎖定會有高回報的目標。

11 每個人都有自己生命的高度

財富、地位、知識和道德，從某種意義上都代表著生命的高度，然而具體需要多高，要視每個人的具體情況而定。正因為每個人的高度不同，才顯出生命的千姿百態。

一位著名登山家在一座海拔八千多公尺的雪山上失蹤了。營地最後一次接到他的信息是三天以前，按原計劃，他兩天前就應該順利返回營地。然而現在已經整整三天過去了，他還是音訊皆無。

他一定是在返回的途中掉進了冰谷，人們這樣猜測。

幾年之後，這一猜測得到了證實，人們在半山腰發現了他的屍體和遺物。在遺物中，人們發現了登山家的日記，最後一行寫著：「千萬不要去登你下不來的高度！」

他的話，對生活中的每一個人都有啟示作用。

每個人都有自己生命的高度，有的是高峰，有的是小山，甚至有的只是土丘和平地。並不是每個人都應該達到最高峰，也並不是每個人都能夠達到最高峰。一味追求生命的高度，那無異於綁架自己、虐待自己。

一味追求最高峰，不僅忽略了人的個性，還會帶來各種各樣的災難。一如那個遇難的登山家，上得去，卻下不來。因此，正確認識自己，充分瞭解自己的能力，量力而行是非常重要的。

「志當存高遠」的思想是正確的，但「高」和「遠」是應該有適宜的「量」和「度」的，如果把標準定得過於「苛刻」，就難免會有挫折感。調整目標，也是減少挫折和失落，控制情緒的一種重要手段。

許多人都有一種對自己要求過高的習慣，他們總是想做到最好，有時這顯然是不可能的。例如，你有一個強烈的願望，就是很想成為國際巨星。然而具備的條件與要實現這一目標的差距很大。所以認識到這種現實是非常重要的，它會使你在失敗的時候不會責怪自己。一些對自己要求過高的人總是拿別人最好的優點與自己一般的特點相比。他們拿自己與著名的模特兒相比來評價自己的身材相貌；他們拿自己與所知道的最富有的人相比來判斷自己的財富。這種比較是不切實際的，因此也不可避免的貶低自己的自尊心。

人生是個不斷探索的過程，失敗有時並不是由於你的能力、學識的不足，而是由於你錯誤的選擇了目標，而失敗正是給予了你一個重新思考，從錯誤中解脫的良機。

美國著名的不動產經紀人安德魯最初是葡萄酒推銷員，這是他的第一份工作，他不知道還能幹什麼，於是他認為自己的目標就是「賣葡萄酒」。最初他為一個賣葡萄酒的朋友打工，接著為一名葡萄酒進口商工作，最後跟另外兩個人合作辦起了自己的進口業務，這並非出自熱情，而是因為，正如他自己所說：「為什麼不？我過去一直在賣葡萄酒。」

生意越來越糟，可是安德魯還是拚命抓住最後一根稻草，直到公司倒閉。他不改行，是因為他不知道還能做什麼。

事業的失敗迫使他去上一門教人們如何創業的課，他的同學有銀行家、藝術家、汽車修理工，他逐漸認識到這些人並不認為他是個「賣葡萄酒的」，而認為他是個「有才能的人」、「事業的掌舵者」，他們對他的看法使他拋棄了原來的目標。他猛然醒悟，仔細分析，探索其他行業，檢查自己到底想做什麼。最後，他選擇了和夫人一起開展不動產業務，這使他取得了推銷葡萄酒永遠不能為他帶來的成功。

許多職業專家認為，一個人一生中至少要經過兩、三次變換，才能最後找到適合自己特長的事業，而確定自己合理的目標，則需要同樣長的一段時間。

在你擬定自己的目標時，不要讓慣常的思想奪走你的決心。假如做一張桌子能使你感到滿足，那就是一個值得完成的目標——縱使除你以外的人都覺得沒有什麼價值，那也沒有什麼關係。如果寫一本五百頁的書使你感到厭倦，那就是一個不值一試的目標了，為什麼？因為它不能使你滿足——儘管別人認為那很重要，你也不必去管它。

凡是目標，不論大小，都有意義——只要它的完成能使你得到成就感。目標本身沒有大小，大小全看你的想法。最重要的是，制訂的目標必須符合「恰當」、「現實」的原則。

蜘蛛猿是一種很有趣的動物，牠是生長在中南美洲、很難捕捉的一種小型動物。多年來人們想盡方法，用裝有鎮靜劑的槍去射擊、或用陷阱捕捉牠們都無濟於事，因為牠們的動作實在太快了。後來，有人想出了一個辦法，在一個窄瓶口的透明玻璃瓶內放進一顆花生，然後等待蜘蛛猿走向玻璃瓶，伸手去拿花生。

一旦牠拿到花生時，你就可以逮到牠了。因為當時蜘蛛猿手握拳頭緊抓著那顆花生，所以牠的手抽不出玻璃瓶，而那個瓶子對牠來說又太大了，使牠無法拖著瓶子走。但牠十分頑固（或者是太笨了）始終不願意放下那顆已經到手的花生。就算你在牠身旁倒下一大堆花生或香蕉，牠也不願意放開手中那顆花生，所以這時狩獵者便可以輕而易舉的抓到牠。

♔ 生命中有些時候，為了追求更遠大的目標，你就必須先放下手中的那顆花生。這不是冒險，而是你願意改變一些習慣，使自己更有彈性，願意在嘗試新的方法之前，先放棄一些現有的利益。

12 適時對自己的人生方向進行調整

每個人對自己的認識不是一次可以完成的。對自己的認識，不僅要有建立在反饋基礎上的自我動態調節，也要借助別人對自己的中肯意見。

貝爾納是法國著名的作家，一生創作了大量的小說和劇本，在法國影劇史上佔有特別的地位。有一次，法國一家報紙進行了一次有獎智力競賽，其中有這樣一個題目：如果法國最大的博物館羅浮宮失火了，情況緊急只允許搶救出一幅畫，你會搶救哪一幅？

結果在該報收到的成千上萬種回答中，貝爾納以最佳答案獲得該題的獎金。他的回答是：「我會搶救離出口最近的那幅畫。」

這則故事說明一個道理，那就是成功的最佳目標不是最有價值的那個，而是最有可能實現的那個，因此我們要適時調整方向，這樣做不是放棄目標而是選擇實現目標。

還有這樣一則故事：

一天，有人找到一位會移山大法的大師，要求他當眾表演一下。大師在一座山的對面坐了一會兒，不見動靜；過了一會兒大師就起身跑到山的另一面，然後說表演完畢。眾人大惑不解，大師道：「這世上根本就沒有移山大法，唯一能夠移動山的方法就是『山不過來，我就過去』。」

人生路上，每個人都有自己奮鬥的方向和人生座標。如果奮鬥方向錯了或者不適合自己，縱使自己費九牛二虎之力也不可能實現，那就應及時調整方向；人生座標定位錯了，就要移動生命的座標。如果所面對的無法改變，那我們就先改變自己，只有這樣，才能最終改變屬於自己的世界。

目標、志向的調整，實際上是一種動態調整，是隨機轉移。若發現你原來確定的目標與自己的條件及外在因素不相適合，那就得改弦易轍，另擇他徑。這種動態調整有以下的基本形式：

一、主攻方向的調節

若原定目標與自己的性格、才能、興趣明顯背道而馳，目標實現的可能性就會減小。這就需要適時對目標作橫向調整。要及時捕捉新的信息，確定新的、更易成功的主攻目標。

揚長避短是確定目標、選擇職業的重要方法。在科學、藝術史上，大量人才成敗的經歷證明，有的人在某一方面具有良好的天賦和能力，但不可能有多方面的強項。有的人在研究、治學上是一把好手，而一到管理、經營的位置，他就一籌莫展，能力平平，甚至很差。

二、在原定目標基礎上的調節

這是主攻方向不變，只是進行層次的調整。若是原目標定得過高了，只有很小的實現可能，必須調低，再繼續積累，增強攻關的後勁。若原目標已實現，則要馬不停蹄的制訂新的更高層次的目標。若原目標定得太低，輕易就已躍過，則要權衡自己的能力、水平，將目標向上升級。

實現目標自然需要長期的努力。在為人生目標奮鬥時，不能幻想一勞永逸，而要務實篤行、穩紮穩打、奮力前行。同時，也要看到，每取得一點成功，都是向總目標逼近一步。取得了全局性的成功，也不是目標的終止，而恰恰是向更高一級目標登攀的開始。

三、在獲得信息反饋之中調節

即在原定目標中受挫而幡然醒悟，調整通道，重新把目標定在自己拿手的領域。如邁克爾遜這位美國科學家，青年時入海軍學校，但他在學校成績很差，特別是軍事課，長期不及格。被學校多次留級，仍然不起作用。學校不得不把他開除。但是，他對物理實驗卻非常感興趣。被開除後，他投入對物理的學習和研究，很快顯露出才華。他長期孜孜不倦，苦苦鑽研，不斷登攀了一個又一個高峰，終於做出被榮稱為「邁克爾遜光學實驗」的偉大創舉，為相對論奠定了實驗基礎，成為美國第一個獲得諾貝爾獎的人。

四、從預測未來中進行調節

社會的需要和個人的興趣、才能等都經常會發生變化。要善於進行預測，制定一個「提前量」。任何才能都有其萌發期、發展期和衰退期，這樣順勢而為，作出設想、規劃，顯然對目標定向是大有益處的。

在生活中，為自己選定適宜的目標是不容易的，往往需要多次調整才能確定方向。執著的追求是應該嘉許和稱道的。但如明知道不行，卻仍一條巷子走到黑，明知客觀條件造成的障礙無法逾越，還要硬鑽牛角尖，這就不可取了。

Part 2

捨得付出努力，才能取得成功

我們都渴望成功，都羨慕那些功成名就的人，可是，那些名人為了自己的成功付出了多少艱辛的努力呢？

其實生活並不簡單，懂得取捨更是不易！很多人努力的付出後，也許並不能馬上得到自己想要的回報；然而，當不期而遇的幸運降臨時，在回顧以往的努力經歷時，便會暗自慶幸自己的所有付出都是值得的。

01 付出越多，收穫才可能越多

人總是在利益的驅使中打著如意算盤。但得失並不按照我們的如意算盤行事，它需要我們遵循著它的規律行事。

不想付出，必是一無所獲。農民收穫了糧食，是因為農民付出了勞動；工人領到了工資，也是因為工人付出了勞動；張三得到了朋友，是因為張三付出了感情；李四得到了財富，是因為李四付出了智慧。得失的一般規律，就是付出的越多，收穫也越多。當然有個前提：必須是科學的付出。老實而又科學的付出的人，人生的天平不會傾斜；白日做夢的人，總是生活在失望裡。

有這樣一個故事：

數百年前，一位聰明的老國王召集聰明的臣子，交待了一個任務：「我要你們編一本《各時代的智慧錄》，好流傳給子孫。」這些聰明人離開老國王以後，工作了很長一段時間，最後完成了一本十二卷的巨作。

老國王看了後說：「各位先生，我確信這是各時代的智慧結晶。然而，它太厚了，我怕人們不會去讀完它。把它濃縮一下吧！」這些聰明人又經過長期的努力工作，幾經刪減之後完成了一卷書。然而，老國王還是認為太長了，又命令他們繼續濃縮。這些聰明人把一本書濃縮為一章，然後濃縮為一頁，濃縮為一段，最後則濃縮成一句。老國王看到這句話時說：「各位先生，這真是各時代的智慧結晶，並且各地的人一旦知道這個真理，我們擔心的大部分問題就可以解決了。」

這句千錘百煉的話是：「天下沒有白吃的午餐。」如果我們領悟了這句話的真諦，還會想入非非麼？

不幸的是，許多人會站在生命的火爐前，說道：「火爐，請給我一點溫暖，然後我給你加進一些木柴。」

祕書往往會跑到老闆那裡說：「給我加薪，我就會做得更好。」

推銷員時常到老闆那裡說：「把我升為銷售經理，我就會變得能幹，雖然我一直沒有做出什麼業績。不過，一旦讓我負責，我就能做得比別人更好。所以請讓我當主管，我會做給你看。」

學生往往對老師說：「我若把這學期不良的成績帶回家，父母就會懲罰我。所以，老師，如果你這學期給我好成績，我答應下學期會努力用功。」

一位農夫禱告說：「如果讓我今年豐收的話，我答應明年會好好耕種。」……總而言之，他們說的是：「給我報酬，然後我會生產。」

可惜生命並不是這樣運行的，在你期望得到東西前，必須付出一些東西才行。現在，如果你把這種知識應用到其他方面，就能解決許多問題了。

阿拉巴馬州的八月天相當熱，一位名叫巴那德的農夫在打水。打了幾分鐘以後，他滿頭大汗。此時他開始問自己，為了得到水到底該做多少工作才划算。他關心他所花費的努力能換回多少報酬。

過了一會兒，他對夥伴吉米說：「吉米，我不相信這口井有水。」吉米回答：「會有的，巴那德，阿拉巴馬州的井都是深水井。深水井都有清潔、甘甜、純淨的水。」

到現在為止，巴那德已經疲倦得渾身發熱，他停住了手說：「吉米，這口井沒有水。」

吉米很快的跑過來，抓住打水幫浦的柄繼續打水，說道：「現在不要停，巴那德，如果你一停止，水將往下倒流回去，那你就要從頭開始。」

這也是人生的故事。不管性別、年齡或職業，沒有一個成功的人會因為尚未打出水來就覺得最好停止打水。

♔ 你無法從幫浦的外部看出，到底還要再抽兩下或兩百下，才會有水流出來。在生命的路途中，你也無法看出，明天到底會不會有重大的突破，或者還要一星期、一個月、一年或更長的時間才能獲得成功。

02 你可以採取更容易「走運」的人生態度

直到今天，有些人還在相信運氣，覺得「別人的運氣好，我的運氣不好」。但是隨著人們日益成熟，越來越多的人開始意識到，被稱作「運氣」的東西，公平的分配給了我們每一個人。我們完全以同樣的比例分享著幸運和厄運。這是有關運氣的第一個公理。

有關運氣的第二個公理是：我們每一個人都在為自己創造命運。假如你的運氣不好，這是因為你期待著那種不好的命運；假如運氣好，那是你自己招來了好的命運。

也許你會反唇相譏：「誰會期待那種壞的運氣？一派胡言！」但你不要忘記，我們也許在頭腦裡絕不會期望或歡迎厄運的降臨，但我們卻常常因為自己錯誤的思考或行動招致了厄運。

走運的人有著「走運的思維方式」。他們和人會面或做某一件事時，心裡期待著的不是壞的結果，而是好的結果，頭腦裡描繪著的始終是一條朝著成功的通道，而不是走向失敗的絕路。

為了獲得好運氣，無論出現多麼可怕的預兆，無論遇到多麼不利的風浪，要堅信情況不久會得到改善，好事馬上就會降臨，要朝著能給你帶來幸運的方向思考。並且，千萬不要忘記，在思考的同時，要做出相應的奮鬥。

為了獲得更多的好運氣，如下一些基本原則不可不知：

一、成功，更是成功之母

當你在確立自己的信念之前，必須要做的就是：忘掉以往的失敗。

「失敗為成功之母」，通常是失敗者用來總結經驗、激勵再戰的話，也是人們用來表示對失敗的同情而說的。其實，「成功，更是成功之母」。如果你總是在心裡描繪出成功的藍圖，你很可能就會成功。

據心理學家說，無論怎麼樣的印象，進過一次心田就不會消失，縱然沒有浮現在意識表面，也會沉積在潛意識的貯藏室裡。那裡積蓄著本人經歷的體驗、工作知識，和曾經耳聞目睹的美妙的回憶等；同時那裡也積蓄著同樣多的、乏味的、消極的東西。

如果你不想走下坡路，就必須盡快忘掉那些失敗的、消極的體驗，將它們推進你的心靈最深處的地下室裡，絕不能讓它們浮到表面上來。

可是，這麼做並不像說起來那麼容易。就是因為人在通常的情況下動輒會向消極方面傾斜，常常會對自己說：「我不行！」因此，必須稍稍講些技巧，用積極的思路調整它。

這些技巧，被稱之為「調換的法則」。具體步驟如下：

一、用表示積極的語言講述你所希望的事情，堅定信念。

比如，自己對自己說：「這次嘗試一定會成功！」要反覆敘述信念性的語言，直到你的不安（失敗的回憶）變成自信。

比如，在頭腦裡想像這樣的情景：有一個盛滿水的水桶，你把（積極性的）小石子投進這（消極性的）水裡。在反覆做這一動作時，隨著水桶裡（積極性的）小石子多起來，水桶裡（消極性的）水向外溢，你內心裡就會被積極性的思路佔據了。

我們的周圍充滿著消極性的東西，但不一定要記住它，應努力不要讓它佔據你的頭腦；要努力忘掉一切使你受傷、退卻、失望、困惑等那些以往的否定性體驗。這樣，你的內心就能轉向愉快、美好、積極的方向，進入極佳的狀況。

二、拋棄凡事都謹小慎微的態度

要給自己招來好的運氣，還應該放棄一切臨事過分謹慎的態度。有時，因為你過分的謹慎，你的命運就變得危機四伏，四面楚歌。在那樣的情況下，你哪怕只是放棄一部分謹慎的態度，你的前景都可能會豁然開朗。

當然，在現代社會中生活，謹慎是必不可少的；但過分的謹慎，就使人成了一具喪失了魅力和獨特性的軀殼。尤其是職場中人，過分的謹慎，就會造成怕生、自我意識過強、唯唯諾諾等惡果。

如果你為自己過分怯懦而感到窩囊，下列幾項原則或許對你能夠有所幫助：

♠不要事先為你要講的話而思前顧後。想到什麼就講什麼，坦率的講出來，不要有所顧忌，要直截了當，一言道破。

♠在行動之前不要多慮，可以一邊做一邊糾正你的做法。

♠不要為難自己。

♠要養成用稍大於平時的聲音講話的習慣，怯懦的人一般講話聲音很細小，要提高嗓音，趕走怯意。

♠在喜歡上別人時，不要有顧慮，讓人們知道你的喜歡。怯懦的人，和情緒不好的人一樣，就是懷有好的心情也害怕表現出來，應立即扔掉這樣的習慣。

三、在「忌日」裡做雙倍的努力

人人都會有這樣的「忌日」意識：「今天是倒霉的日子。」「今天做什麼都不會順利。」諸如此類。但如果將它當真，而在某一特定的日子裡無精打采的話，你的進步就會明顯受阻。因此，必須盡快的將那樣的「忌日」意識從內心裡趕走。

怎麼趕呢？據一位有名的心理學家說，克服「忌日」的方法只有一個，那就是：「好好的思考一下，那一天為何會是忌日？首先必須進行思考、分析、仔細檢查，找出它的原因，然後找到治療它的方法。結果你就會發現，忌日的根源往往只是身體不舒服，如過量飲食等。如果能得到糾正，你的『忌日』也就自然消失了。」

關於這一問題，另一位專家也提出如下的經驗：克服那種忌日的方法，就是在這樣的忌日裡，做出雙倍於平時的工作，付出雙倍於平時的努力，投入雙倍於平時的專注，從早到晚沉浸在忙碌之中。於是，自然沒有任何「忌日」能夠戰勝這樣的工作熱情。

有的人會這麼說：「你總算明白了吧！這幾天倒霉透了，沒有一件順心的事，這是最有力的證據。捱過這一段吧！還是什麼也別做的好。」這其實是一種謬誤的證明，它僅僅是證實這樣的人事先受到那種疑慮的暗示，自己製造出這幾天事事不如意的狀態。

倘若要想得到所期望的成績，就要忘掉一切禁忌，專心致力的工作。倘若現在你正在為自己的禁忌而感到沮喪，那麼請再次重新找出禁忌的根源，克服並忘掉它。

無論何時，你始終都要保持足夠的自信。

四、「行」和「不行」都是一種心態

艾莉結婚後離開職場，現在正竭盡全力的照料兩個上學的孩子、料理家務，總是感歎：「沒有時間，沒有時間。」

有一天，艾莉夫婦和孩子們一起遭遇車禍，丈夫受重傷，艾莉和孩子們幸好只受了些輕傷。艾莉也只好出去工作了。車禍後過了幾個月，當親友們得知原來家務纏身的她一邊照料著家庭，一邊自如的勝任了新的工作時，都大吃一驚。

她這樣對親友們說：「六個月前我為家務忙得暈頭轉向，做夢也沒有想到過還能在外面工作一整天。但自從車禍發生以後，我發現許多善用時間的方法，我的做事效率提高了一倍。」

♔ 所謂的能力是一種心態。我們能做多少，這和我們自己感覺到能做多少這一心態有關。倘若你出自內心的相信自己能做更多的事，那麼你的心靈就會進行創造性的思考，並向你展示它的方法。

03 為了獲得更大的發展，要肯從小事做起

三國時期蜀主劉備死前告誡他的兒子劉禪：「勿以惡小而為之，勿以善小而不為。」這句話，對於幫助人們立身處世十分重要。

人生在世，應該有個基本的生活態度，起碼要自覺做到為善不為惡。好事可以有大小，而做好事的精神不可以懈怠。尤其對於不為人們注目甚至不為人們理解的小的好事，也要堅持不懈認真的去做。

山不拒細壤，才能成其高；海不拒細流，才能成其大。堅持做小的好事，才可以做大的好事。然而，有的人雖然想做大好事，卻對小好事不重視，懶得去做。

《後漢書》中寫了一個名叫陳蕃的人。他是個躊躇滿志的少年，當時獨居一處。一天，他父親的一個朋友薛勤來訪，見他的屋裡、院裡髒得實在不像話，問他為何不去打掃，陳蕃振振有詞的說：「大丈夫處世當掃除天下，豈只掃一室呢？」

薛勤反問他：「連一屋都不肯掃，你又怎樣掃天下？」問得他張口結舌，無話可答。

「掃一屋」雖然不足掛齒，然而，薛勤將它與「掃天下」聯繫起來看，認為不願掃一屋的人，便不可能掃天下。這見解是對的，你想，小事都不願去做，怎麼能做出大事？「小善」尚且不去「為」，怎麼能為「大善」呢？

任何事物都有一個從量變到質變的過程。古人曾說：「合抱之木，起於毫末，九層之台，起於壘土。」「積少可以成多，積小可以變大。」任何有成就的人，都是樂意「善小而為之」，並且自覺做到「不以善小而不為」的。

生活中有這樣一種人，他們不願意在平時一點一滴的做好事，不願一步一個腳印的鍛鍊自己，而奢望有朝一日「一鳴驚人」，做出一番驚天動地的大事業，轉眼間便可一舉成名，名揚天下。不客氣的說，這只是幼稚者的幻想。常言說：「不積細流，無以成江海。」

不難設想，那種平時「拔一毛而利天下」也不為的人，那種好高騖遠、不做實事的人，那種不行「小善」、空想「大善」的人，是絕不能成為有出息的人的。

維斯卡亞公司是美國二十世紀八十年代最為著名的機械製造公司，其產品銷往全世界，並代表著當時重型機械製造業的最高水準。許多人畢業後到該公司求職遭拒絕，原因很簡單，該公司的高技術人員爆滿，不再需要各種高技術人才。但是令人垂涎的待遇和足以自豪、炫耀的地位仍然向那些有志的求職者閃爍著誘人的光環。

詹姆斯是哈佛大學機械系的高材生，和許多人的命運一樣，他在該公司每年一次的新進人員測試會上被拒絕申請，其實這時的新進人員測試會已經是徒有虛名了。但詹姆斯並沒有死心，他發誓一定要進入維斯卡亞重型機械製造公司。於是他採取了一個特殊的策略——假裝自己一無所長。

他先找到公司人事部，提出為該公司無償提供勞動力，請求公司分派給他任何工作，他都將不計任何報酬來完成。公司起初覺得這簡直不可思議，但考慮到不用任何花費，也用不著操心，於是便分派他去打掃生產機台旁的廢鐵屑。

一年來，詹姆斯勤勤懇懇的重複著這種簡單但是勞累的工作。為了餬口，下班後他還要去酒吧打工。這樣雖然得到老闆及工人們的好感，但是仍然沒有一個人提到錄用他的問題。

一九九〇年初，公司的許多訂單紛紛被退回，理由均是產品品質有問題，為此公司將蒙受巨大的損失。公司董事會為了挽救頹勢，緊急召開會議商議解決，當會議進行一大半卻尚未見眉目時，詹姆斯闖入會議室，提出要直接見總經理。

在會上，詹姆斯對這一問題出現的原因提出了令人信服的解釋，並且就工程技術上的問題提出了自己的看法，隨後拿出了自己對產品的改造設計圖。這個設計非常先進，恰到好處的保留了原來機械的優點，同時克服了已出現的弊病。

總經理及董事會的董事見到這個編外清潔工如此精明在行，便詢問他的背景以及現狀。詹姆斯面對公司的最高決策者們，將自己的意圖和盤托出，經董事會舉手表決，詹姆斯當即被聘為公司負責生產技術問題的副總經理。

原來，詹姆斯在做清掃工時，利用清掃工到處走動的特點，細心察看了整個公司各部門的生產情況，並一一作了詳細記錄，發現了所存在的技術性問題並想出解決的辦法。為此，他花了近一年的時間設計藍圖，並做了大量的統計數據，為最後一展雄姿奠定了基礎。

♔ 為了追求大的成功，要肯從小事做起。現今社會上許多人心浮氣躁，靜不下來，凡事都想速成，卻不願一步步從小事做起。其實，人與人之間的差別是很小的。在很多時候，稍微調整一下態度，就會贏得更加精彩的人生。

04 不要過於計較付出的勞動是否比所得多

一個有崇高目標、期望成就大業的人，總是不停的超越自我、拓寬思路、擴充知識、敞開生活之門，希望比周圍的人走得更遠。他有足夠堅強的意志，激勵自己做出更大的努力，爭取最好的結果。

從前在賓夕法尼亞的一個山村裡，住著一位卑微的馬伕，後來這位馬伕竟然成了美國最著名的企業家之一。他就是查爾斯．齊瓦勃先生。齊瓦勃先生是如何獲得成功的呢？

齊瓦勃先生的成功祕訣是：每謀得一個職位，他從不把薪水的多少視為重要的因素，他最關心的是新的位置和過去的位置相比是否前途和希望更遠大。

他最初在鋼鐵大王安德魯．卡內基的工廠工作，當時他就自言自語的說：「總有一天，我要做到本廠的經理。我一定要努力做出成績來給老闆看，使老闆主動來提拔我。我不會計較薪水的高低，我只要記住：

要拚命工作，要使自己的工作產生的價值，遠遠超過我的薪水。」

他下定決心後，便以十分樂觀的態度，心情愉快的工作。在三十歲時，他成了卡內基鋼鐵公司的總經理；三十九歲時，他又出任全美鋼鐵公司的總經理。

齊瓦勃只要獲得一個位置，就決心做所有同事中最優秀的人。當同事抱怨待遇低微時，齊瓦格把注意力集中在工作上。他明白，目前的待遇或多或少，與他將來注定要獲得的財富相比，是微不足道的，計較這幾美元是很無聊的。

他看清了周圍人的卑微願望和平庸命運，在自己的卓越之路上默默努力。他做任何事情都保持樂觀的心態、愉快的情緒；他在業務上盡可能做到盡善盡美、精益求精。人們習慣於把難度高的事情都交給他來處理，他漸漸成了公司的重心。

如果你在一個平庸職位上拿到不錯的薪水，就缺乏向更高職位努力的動力，非常遺憾，這說明你的進取心開始消磨了。其實，你有能力做得更好，甚至有能力自己創業。

如果你認為自己做得挺好，可以站穩腳跟了，別人也這麼告訴你。那你應該聽聽這番話：「其實你的薪水不算多，你要是不想爭取更多，恐怕就連這點薪水也不能保住。現在的事情像逆水行舟一樣，不做得更好，就會做得更差。你知道有多少人在盯著你嗎？那些能夠做得更好的人，正等著把你擠下去呢！」

淺嘗輒止、安於現狀、不思進取的人不會做出什麼大成績。

作為一個職員，如果你想迅速獲得職位上的提升，就找一些同事們做不了的工作，去完成它。做好了，就容易超越那些資歷比你高的職員。如果一個人做起事來總是精益求精，總是讓別人驚喜，上司自然會注意到他，必要時自然會把他提拔到重要的位置。沒有一個僱主不喜歡有上進心的下屬，他們也在隨時觀察員工們的表現。

絕不可養成非監督逼迫就不能好好工作的惡習。無論上司在不在，都要忠於職守、全力以赴，工作不是裝樣子給上司看，而是為自己的發展創造條件。

絕不能這樣想：「照著上司的吩咐，按部就班就可以了。」過於計較自己付出的勞動是否超過了報酬，這樣的人即使偶爾得到陞遷的機會，發展的空間也會非常有限。

♔很多事不需上司吩咐，就可以去做。不計較報酬，激勵自己做出更大的努力、爭取最好結果的員工，前途才是不可限量的。

05 要用自己的努力和工作成果來報效老闆

感恩是一種處世哲學，也是生活中的大智慧。一個智慧的人，不應該為自己沒有的斤斤計較，也不應該一味索取和使自己的私慾膨脹。要學會感恩，為自己已有的而感恩，感謝生活給你的贈予。這樣，你才會有一個積極的人生觀，對人生抱持健康的心態。

在一些公司裡，經常有一些員工抱怨老闆不理解自己，或是太吝嗇，只知道讓員工埋頭工作，卻從不給他們升職和加薪的機會。總之，他們對老闆永遠是說不完的抱怨，而不是由衷的感激。

我們每天的生活都仰賴他人的奉獻，只是很少有人會想到這一點。我們的父母把我們撫養成人，給我們衣食和關懷；我們的老師為我們傳授知識，讓我們掌握了步入社會的技能。我們打心底感激父母和恩師，可是卻常常對老闆的恩情視而不見。

你的老闆，首先為你提供了工作的機會，每個月付給你薪水，滿足你生活的最基本要求，可以說是我們的衣食父母。此外，我們更不應該忽略的是，在工作的過程中你同時得到了成長和提升的機會。當你從老闆那裡獲得這麼多的恩惠時，難道只換回你對老闆和工作的厭惡嗎？你不應該對他表示感激嗎？

我們都以為老闆是過得輕輕鬆鬆的「資本家」。事實上，他們卻是世界上最辛苦、最勞累、最孤獨、最不容易的人，為什麼呢？因為他要對公司、對所有的員工負起責任，公司運營順利，自己和員工都能過上好日子；公司運營出了差錯，員工就要失業，生活就會陷入困境。

我們看到很多名車代步的老闆，每天吃在工廠、睡在辦公室；下班了，員工都走了，而他們還在挑燈夜戰；放假時，員工都去和家人團聚，他們依然不捨離開——他們到底為了什麼？

當你什麼也看不慣，覺得什麼都不如意，終日怨氣沖天，牢騷滿腹，總覺得老闆虧欠了自己的時候，為什麼不想想老闆和公司為你所付出的一切？

一定要懂得，並非所有的老闆都是貪婪者、專橫者，就像並非所有的人都是善良的一樣。真正具有職業道德和素養的人，對老闆總是充滿感激之情。

卡特是一名修理工，在經濟不景氣時，他和幾名同事一起接到了老闆的解聘通知書。面對這一無情的打擊，早就對老闆懷有怨恨的幾名同事跑到老闆那裡，對老闆進行了一番辱罵，臨走時還踹破了公司的大門。

老闆很理解這些失業者的心情，因此沒有和他們計較。令老闆吃驚的是，在解聘的人當中，唯有卡特沒有參與，他便決定找到卡特問個明白。

當老闆找到卡特時，他還穿著那身油膩的工作服，正在車間修理一台機器。那認真的工作態度，像沒有接到解聘書一樣。

「你不怨恨我嗎？」老闆問。

「哦！不，先生。我一直都非常非常感激你，感激你為我提供了這個工作機會，而你今天之所以這樣做，我想是因為公司受大環境的影響。我想，你做出這個決定也是迫不得已的，因此我很理解你，也很同情公司目前的處境。你看，現在離下班時間還有半個小時，我得抓緊時間做完再走。」卡特說完，又埋頭工作起來。

三個月後，正在街頭尋找工作的卡特突然接到了前任老闆的電話，說是公司情況開始好轉，只要他願意馬上可以回去上班。

當卡特興奮的回到公司時，才發現這次公司只招聘了他一個人，而當初和他一起被解雇的同事，現在依然在人才市場上奔波。

毫無疑問，卡特之所以再一次得到這份工作，與他高尚的道德素養分不開，因為不管在什麼情況下，他始終如一的感激自己的老闆，而不是把老闆放在自己的對立面，當成自己的敵人。

一個心智成熟的職場人士，即使遭到解聘，也會體諒老闆的處境，禮貌的離開公司；即使心存不滿，也不會任意發洩情緒，更不會當眾辱罵老闆——那樣只會讓你顯得非常不成熟，缺乏理性。試想一下，有哪個老闆會願意僱用這樣的「定時炸彈」放在自己的身邊呢？

你是否曾經想過寫一張字條給上司，告訴他你是多麼熱愛自己的工作，多麼感謝工作中獲得的機會？這種深具創意的感謝方式，一定會讓他注意到你，發現你的獨特之處。

感恩是會傳染的，老闆也同樣會以具體的方式來表達他的謝意，感謝你所提供的服務。如果我們能設身處地為老闆著想，懷抱一顆感恩的心，或許能重新贏得老闆的欣賞和器重。退一步來說，如果我們能養成這樣思考問題的習慣，最起碼我們能夠內心寬慰。

♔ 就像我們用關懷和贍養回報父母的養育之恩一樣，我們可以用自己的工作成果來報效老闆，他一定會把你的報效銘記在心。感恩之心，會讓你和老闆更親密。

06 積極尋找解決問題的方法而不是藉口

面對失意和失敗，從不尋找任何藉口，只是積極的尋找解決問題的方法，這就是成功的祕訣。要把「沒有任何藉口」作為自己的行為準則，讓自己擁有毫不畏懼的決心、堅強的毅力和完美的執行力，把握好每一分每一秒，用堅強的信念去完成任何一項任務。

麥克是公司裡的一位資深員工，專門負責跑業務，深得上司的器重。麥克的一隻腳有點輕微的跛，那是一次出差途中出了車禍導致的，留下了一點後遺症，根本不影響他的形象，也不影響他的工作。如果不仔細看，是看不出來的。

有一次，他經手的一筆業務讓別人捷足先登搶走了，給公司造成了一定的損失。事後，他很合情合理的解釋了失去這筆業務的原因，原來他的腿傷發作，談判時比競爭對手遲到半個鐘頭。因為是第一次出現失誤，上司比較理解他，原諒了他。麥克自己也很得意，他知道這是一宗費力不討好比較難辦的業務，他慶幸自己的明智，如果沒辦好，那多丟臉啊！

嘗到了甜頭之後，每當公司要他出去聯繫棘手的業務時，他總是以他的腳不行，不能勝任工作為藉口而推諉。但如果有比較好招攬的業務時，他又跑到上司面前，說自己的腳不行，要求在業務方面有所照顧，比如：就易避難、趨近避遠等等。他大部分的時間和精力都花在如何尋找更合理的藉口上。

碰到難辦的業務能推就推，好辦的差事能爭就爭，時間一長，他的業務成績直線下滑，沒有完成任務他就怪他的腿不爭氣。總之，他現在已習慣因腳的問題在公司裡可以遲到、可以早退，甚至中午用餐時，他還可以喝酒，因為喝點酒可以讓他的腿舒服些。

就這樣，麥克的舒服日子最終因為他總找藉口而終結了，老闆將他炒了魷魚。

現在的老闆都是很精明的，有誰願意要這樣一個時時刻刻找藉口的員工呢？麥克被炒也在情理之中。

許多找藉口的人，在享受了藉口帶來的短暫快樂後，起初會有點自責，多多少少有點慚愧。可是，重複的次數一多，也就變得無所謂了，原本有點良知的心變得越來越麻木。

在工作中找藉口是一種不好的習慣。如果在出現問題時不積極主動的加以解決，而是千方百計的尋找藉口，你的工作就會無限制的拖延下去，以致沒有效率，工作總也不能及時落實。

長此下來，藉口就變成了一面擋箭牌。事情一旦辦砸了，就能找出一些看似合理的藉口，以換得他人對自己的理解和原諒。

其實，找藉口只不過是為了把自己的過失掩蓋掉，心理得以暫時平衡。但如果找藉口成習慣，人就會疏於努力，再也沒有渴望成功的動力了。

如果你總是以各種理由尋找藉口，你就會每次都做得差一點；如果你每次差一點，十次就會差一大截。如果一個企業每位領導人、每個員工都比對手差一點，那麼這個企業早晚要被淘汰出局。

很多人在工作中喜歡尋找各式各樣的藉口來為自己開脫，他們好像有找不完的藉口，可是卻沒想到企業的發展和個人的前途會在無休止的藉口中化成泡影。

製造和接受藉口會產生一系列問題，從憤恨、抱怨、推諉、卸責、拖延發展成為部分或全部失敗的惡性循環。

許多人經常意識不到自己正在找藉口，因為這已經成為一種不為人所知的、下意識的習慣，而這一習慣更因為和其他藉口製造者的聯合而變得更加頑固。

藉口是嚴重扼殺自己能力和潛力的一個毒品。一旦習慣於找藉口，那麼可以逃避很多的事情，可以把一些事情做得更糟糕，可以為自己沒有百分百努力做事情的時候找一個退路。

這個習慣一旦形成，很難改變，「積習難改」就是這個道理。因為藉口會越來越多，越來越完美，甚至自己都會被自己尋找到的藉口的完美無缺而感動。可想而知，這樣的後果是什麼。

有些人幾乎成了製造藉口的專家，只要能找藉口，就毫不猶豫的去找。這種藉口帶來的唯一「好處」，就是讓你不斷的為自己去尋找藉口，時間一長，你可能就會形成一種尋找藉口的習慣，任由藉口牽著你的鼻子走。這種習慣具有很大的破壞性，它使人喪失進取心，讓自己鬆懈、退縮甚至放棄。在這種習慣的作用下，即使是做出了不好的事，你也會認為是理所當然。

優秀的人，是不在工作中找藉口的。只有不負責任的人，消極頹廢的人，在遇到困難和挫折時，不去積極的想辦法克服困難，而是尋找藉口。一旦養成找藉口的習慣，你的工作就會拖拖拉拉，沒有效率，做起事來就往往不誠實不勤勉，這樣的話，就不可能有完美的成功人生。

♔ 拋棄找藉口的習慣，你就會在工作中學會大量的解決問題的技巧，這樣藉口就會離你越來越遠，而成功就會離你越來越近。

07 無論做什麼，你都要付出實際行動

目標再偉大，如果不去落實，永遠只能是空想。成功在於意念，更在於行動。制訂目標是為了達到目標，目標制訂好之後，就要付諸行動去實現它。如果不化目標為行動，那麼所制訂的目標就成了毫無意義的東西。實際上，相對來說制訂目標倒是很容易的，難的是付諸行動。制訂目標可以坐下來用腦子去想，實現目標卻需要扎實的行動，只有行動才能化目標為現實。

愛迪生是著名的科學家、發明家，他的全部發明多得叫人簡直難以相信。一九二八年，美國國會頒發給他一枚金質獎章，估計他的發明對人類的貢獻當時約值五十六億美元。但是這些發明對我們今天的價值實在太大了，幾乎是無法估計。愛迪生的全部學校教育總共只有三個月的時間，在校期間，他的老師曾說他是一個只會做白日夢的少年，斷言他的一生絕不會有什麼成就。

然而，愛迪生終於成功了。他的祕訣在哪裡？其中之一，是他具有設定目標的能力和追求目標的熱情。一旦設定一個目標之後，他便使他的生活去配合那個目標，使它成為他的生命。因此，他把生命獻給他的目標，並從目標獲得生命，直到「空氣中發出了電的火花」。

愛迪生竭盡全力去閱讀跟他的計劃有關的書——讀了一本又一本，讀完了再買。等他讀夠了書，使他足以從事實驗之後，他才在他的實驗室開始工作。接著，他不分晝夜的工作，往往在清晨進入實驗室，不到次日凌晨兩三點鐘不肯罷手。他的注意力總是十分敏銳確切，連一個動作也不會浪費。他從事數以百計的實驗工作，選取和拋棄實驗模型，忍受不可避免的失敗，但他勇往直前，不達目標絕不罷休。

愛迪生有明確的目標，並且是經過審慎的選擇。他對目標專注並傾以全部熱情，加上豐富的想像和智慧，使他變成人類歷史上偉大的發明家之一。但是，相當多的人制訂了目標之後，便把目標束之高閣，沒有投入到實際行動中去，結果到頭來仍然是一事無成。

如同除了穿過黑夜不能到達早晨一樣，只有行動才是達到目標的唯一途徑。在對有價值目標的追求中，堅忍不拔的決心是一切真正偉大品格的基礎。充沛的精力會讓人有能力克服艱難險阻，完成單調乏味的工作，忍受其中瑣碎而又枯燥的細節，進而順利通過人生的每一驛站。

在這個過程中，正是由於各種令人沮喪和危險的磨練，才造就了天才。在每一種追求中，作為成功保證的，與其說是卓越的才能，不如說是追求的目標。目標不僅產生了實現它的能力，而且產生了充滿活力、不屈不撓為之奮鬥的意志。西方有一句格言：「希望就是我的力量。」這條格言似乎與每個人的生活息息相關。

如果你的願望和要求不能及時的付諸行動和成為事實，那麼就會引起你精神上的萎靡不振。但是，目標的實現，正像許多人所做的那樣，不僅需要耐心的等待，而且還必須堅持不懈的奮鬥和百折不撓的拚搏，就像在滑鐵盧擊敗拿破崙的惠靈頓將軍那樣。切實可行的目標一旦確立，就必須迅速付諸實施，並且不可發生絲毫動搖。

阿雷．謝富爾指出：「在生活中，唯有精神的肉體的勞動才能結出豐碩的果實。奮鬥、奮鬥，再奮鬥，這就是生活，唯有如此，也才能實現自身的價值。我可以自豪的說，還沒有什麼東西曾使我喪失信心和勇氣。一般說來，一個人如果具有強健的體魄和高尚的目標，那麼他一定能實現自己的心願。」那些對奮鬥目標用心不專、左右搖擺的人，對瑣碎的工作總是尋找遁辭，懈怠逃避，他們注定是要失敗的。如果我們把所從事的工作當作不可迴避的事情來看待，我們就會帶著輕鬆愉快的心情，迅速的將它完成。瑞典的查爾斯九世在還年輕的時候，就對意志的力量抱有堅定的信念。每每遇到什麼難辦的事情，他總是摸著小兒子的頭，大聲說：「應該讓他去做，應該讓他去做。」

和其他習慣的形成一樣，隨著時間的流逝，勤勉用功的習慣也很容易養成。因此，即使是一個才華一般的人，只要他在某一特定時間內，全心全力的投入和不屈不撓的從事某一項工作，他就會取得成就。

♛

《聖經》上說：「無論你做什麼，你都要竭盡全力！」這一信條對於我們每個人都應該有所啟示。

08 看準適合自己的事業，集中所有精力

如果一個人一生中只是追尋一個目標，那麼他在有生之年可能會實現自己的理想；但是如果他見異思遷，到處傾注精力，那麼到頭來他便會徒勞無功、一事無成。無論是誰，如果不趁年富力強的黃金時代去養成自己善於集中精力的好習慣，那麼他以後一定不會有什麼大成就。

世界上最大的浪費，就是把一個人寶貴的精力無謂的分散到許多不同的事情上。一個人的時間有限、能力有限、資源有限，想要樣樣都精、門門都通，絕不可能辦到。如果你想在任何一個方面做出什麼成就，就一定要牢記下面這條法則。

明智的人最懂得把全部的精力集中在一件事上，唯有如此方能實現目標；明智的人也善於依靠不屈不撓的意志、百折不回的決心以及持之以恆的忍耐力，努力在人們的生存競爭中去獲得勝利。

那些富有經驗的園丁常把樹木上許多能開花結實的枝條剪去，一般

人往往覺得很可惜。但是，園丁們知道，為了使樹木能更快的茁壯成長，為了讓以後的果實結得更飽滿，就必須要忍痛將這些旁枝剪去。否則保留了這些枝條，那麼將來的總收成肯定要減少很多。

那些有經驗的花匠，也習慣把許多快要綻開的花蕾剪去。這是為什麼呢？這些花蕾不是同樣可以開出美麗的花朵嗎？花匠們知道，剪去其中的大部分花蕾後，可以使所有的養分都集中在其餘的少數花蕾上。等到這少數花蕾綻開時，一定可以成為那種罕見、珍貴、碩大無比的奇葩。

做人就像培植花木一樣，與其把所有的精力消耗在許多毫無意義的事情上，還不如看準一項適合自己的重要事業，集中所有精力，埋頭努力，全力以赴，肯定可以取得傑出的成績。

如果你想在一個重要的方面取得偉大的成就，那麼，就要大膽的舉起剪刀，把所有微不足道的、平凡無奇的、毫無把握的願望完全「剪去」。在一件重要的事情面前，即使是那些已有眉目的事情，也必須忍痛「剪掉」。

世界上無數的失敗者之所以沒有成功，主要不是因為他們才幹不夠，而是因為他們不能集中精力、不能全力以赴的去做適當的工作。他們使自己的大好精力東浪費一點、西消耗一些，而他們自己竟然還從未覺悟到這一問題。

如果把心中的那些雜念一一剪掉，使生命力中的所有養料都集中到一個方面，那麼他們將來一定會驚訝——自己的事業上竟然能夠結出那麼美麗豐碩的果實！

在對一百多位在其行業獲得傑出成就的人士的商業哲學觀點進行分析之後，一位學者發現了這個事實：他們每個人都具有專心致志和明確果斷的優點。

做事有明確的目標，不僅會幫助你培養出能夠迅速做出決定的習慣，還會幫助你把全部的注意力集中在一項工作上，直到你完成了這項工作為止。能成大事者都是能夠迅速而果斷做出決定的人，他們總是首先確定一個明確的目標，並集中精力、專心致志的朝這個目標努力。

所有成大事者，都把某種明確而特殊的目標當作他們努力的主要推動力。專心就是把意識集中在某一個特定慾望上的行為，並一直集中到已經找出實現這項慾望的方法，而且堅決的將之付諸實際行動。自信心和慾望是構成成大事者的「專心」行為的主要因素。沒有這些因素，專心致志的神奇力量將毫無用處。為什麼只有很少數的人能夠擁有這種神奇的力量？其主要原因是大多數人缺乏自信心，而且沒有什麼特別的慾望。對於任何東西，你都可以渴望得到，而且，只要你的需求合乎理性，並且十分熱烈，那麼，「專心」這種力量將會幫助你得到它。假設你準備成為一位偉大的作家，或是一位傑出的演說家，或是一位成功的商界主管，或是一位能力高超的金融家，那麼你最好在每天就寢前及起床後，花上十分鐘，把你的思想集中在這項願望上，以決定應該如何進行，這樣才有可能把它變成事實。

當你要專心致志的集中你的思想時，就應該把你的眼光投向一年、三年、五年甚至十年後，如果你想當演說家，你就幻想你自己是這個時代最有力量的演說家；假設你擁有相當不錯的收入；假想你利用演說的報酬購買了自己的房子；幻想你在銀行裡有一筆數目可觀的存款，準備將來退休養老之用；想像你自己是位極有影響的人物；假想你自己正從事一項永遠不用害怕失去地位的工作……唯有專注於這些想像，才有可能付出努力、美夢成真。

一次只專心的做一件事，全心全力的投入並積極的希望它成功，這樣你的心裡就不會感到筋疲力盡。不要讓你的思維轉到別的事情、別的需要或別的想法上去。專心於你已經決定去做的那個重要項目，放棄其他所有的事。

把你需要做的事想像成一大排抽屜中的一個小抽屜。你的工作只是一次拉開一個抽屜，令人滿意的完成抽屜內的工作，然後將抽屜推回去。不要總想著所有的抽屜，而要將精力集中於你已經打開的那個抽屜。一旦你把一個抽屜推回去了，就不要再去想它。

瞭解你在每次任務中所需擔負的責任，瞭解你的極限。如果你把自己弄得筋疲力盡，那你就是在浪費你的效率、健康和快樂。選擇最重要的事先做，把其他的事放在一邊。做得少一點，做得好一點，才能在工作中得到更多的快樂。

可以看出，專心的力量是多麼神奇！在激烈的競爭中，如果你能向一個目標集中注意力，成功的機會將大大增加。沒有專注，就不能應付生活，生活要求專注，頭腦必須專注。凡事專注必能成功。當一個人試圖在同一時間去做過多的事情時，他對精力的浪費令人可惜。注意力不集中、對瑣事過於關心以及焦慮和猜疑等消極情緒，都在消耗我們的精力。要學會把精力集中到關鍵事物上，就像讓水壩裡的水流集中到水力發電機上成為動力一樣，不能讓它白白消耗。

拿破崙在執政時期的親密同伴勒德累爾這樣回憶他：

「他的一個顯著特徵，是持久的注意力。他能一口氣工作十八個小時，也許是做一件工作，也許是幾件工作輪流做。我從未見他的注意力衰退過。我從未見過他的腦子裡沒有發條，即使是在他疲倦的時候，做劇烈運動的時候，甚至是生氣的時候。我從未見過他不顧手頭正在做的事情，將注意力轉移到即將做的另一件事上。來自埃及的好消息或壞消息，從未妨礙過他對民法的關注，民法也從未妨礙過他採取必要措施來維護埃及的安全。沒有任何一個人能像他那樣全心全力的投入工作之中，也沒有任何一個人能更好的分配時間去做他要做的一切。」

很多人、很多企業最常犯的錯誤，就是沒有把自己的精力集中用在一個點上。他們總是興趣廣泛，愛好眾多，貪心不足，站在這山望那山高，朝三暮四，淺嘗輒止，終至一生碌碌無為。很多才華橫溢的人，會的事情太多，所以什麼都做，到頭來什麼都沒做成，就是因為沒有將精力聚焦到一個點上。

太陽普照大地，卻不能點燃地上的柴禾；透鏡只把區區一小束太陽光長時間的聚集到一點上，即使在最寒冷的冬天也能把柴禾點燃。最弱小的人，只要集中力量於一點，也能得到好的結果；相反，最強大的人，如果把力量分散在許多方面，那麼也會一事無成。小小的水珠，持之以恆，也能將最堅硬的岩石穿透；相反，湍流呼嘯而過，轉眼卻了無蹤跡。

♔

很多人將精力白白浪費在許多無謂的事情上，因為他們沒有聚焦，到頭來他們的事業和生活如竹籃打水一場空。記住：能夠在這個世界上獨領風騷的人，必定是專心致志於一事的人。

09 為避免遭淘汰，要提高自己的關鍵能力

如果一群孩子一起走，哪個孩子能夠決定整個隊伍的速度？答案是：走得最慢的那一個。

你是否就是你所在團隊裡「走得最慢」的那一個呢？在團隊合作中，最重要的是齊頭並進，千萬不要因為自己的落後而影響了整個團隊。

二十世紀七十年代，著名的美國學者埃爾特．赫希曼針對不平衡發展的問題提出了著名的「木桶原理」，這成為世界經濟學史上的巨大成就。其核心思想就是：任何一個木桶都是由許多木板組成的，每條木板都有可能長短不一。然而，這個桶實際所能裝載的水的容量則完全取決於組成這個木桶的最短木板的長度。

在這個問題中，關注的對象不再是組成木桶的最長的木板或者組成這個木桶的木板的平均長度，而是最短的那塊木板有多長。很快，聰明的人們就將這個成果應用在企業工作中，來評價一個企業及其僱員的整

體素質和潛力。

在一個企業中，許許多多的員工和部門共同構成了企業這個「木桶」，而決定企業整體質量和潛力，乃至最終的發展前景的因素，卻是這個企業中能力最低者或者能力較弱的部門的水平。

這實際上是因為最差者或者能力最弱的部門剝奪了能力最強者和最優者的努力。其實質是人才和資源的巨大浪費，當然也不會為企業帶來增長，不會為員工們創造更多的福利。如果一個企業要尋求發展，追求卓越，就必須維持員工素質，為了不影響整體的效益，必要的時候，往往會把表現最差且不能提高的員工換掉。

幾年前，美國救生圈公司的副總經理不得不開除一個很有希望的青年高級職員，因為他不能接受別人的批評。

這個職員是由一個小學徒升上來的，他很有才幹，所以升得很快，一直升到該公司的工程預算部主任，負責公司內部各項工程的預算。有一天，一個會計人員查出他在預算中算錯了兩千元，於是把詳情呈報給上司，後來經理也知道了這件事。

這個年輕主任聽後勃然大怒：「這個會計不該查我的核算，查出來也不該提出來。」

經理問他到底是不是算錯了，他說是的。

「可是，你認為會計不應該說出來，而應該使公司受損失以維護你的威嚴嗎？」那個人又說是的。經理就勸他，像他這樣做的話，是很難做出什麼大成績。

時間過了很久，人們都快要忘記此事時，他在算一個工程時又出現了錯誤。當經理再次批評他時，他又非常生氣，一點也沒有認錯的意思。後來那個經理實在沒辦法，就解雇了他。

一個組織、一個人不是憑借某一方面的超群或突出就能立於不敗之地，而是要看整體的狀況和實力。任何一個組織或許都有一個共同的特點，即構成組織的各個部分往往是優劣不齊的，但劣勢部分卻往往決定著整個組織的水準。恰如「短板」決定木桶的容量。

而對於「短板」自身來說，一定要透過主動學習，不斷進步來增進自己的實力，最起碼要達到團隊的平均水平，做到不拖後腿。想要成功其實很簡單，不做「短板」，就不會面臨被淘汰的可能；做「長板」，才能成為企業和社會都離不開的人。

♔ 一個人是否具有較強的競爭力和穿透力，往往取決於他是否有薄弱環節，劣勢決定優勢，劣勢決定生存。如果你某一關鍵能力真的非常薄弱，那就喪失了參與競爭的入場券——結果只能是：要麼你盡快提高自己，要麼你被淘汰。

10 勇敢面對困難，堅持不懈的努力

面對困難的態度十分重要。困難就像紙老虎，如果你害怕它，畏縮不前，不敢正視，那麼它就會吃掉你；但是，如果你毫不畏懼，敢於正視，它就會落荒而逃。

對於懦弱和猶豫的人來說，困難是可怕的，你越猶豫，困難就越發可怕，越發不可逾越；但當你無所畏懼時，困難將會消失。

向困難屈服的人必定一事無成。很多人不明白這一點：一個人的成就與他戰勝困難的能力成正比。他戰勝越多，取得成就越大。

成就平平的人，往往是善於發現困難的天才，善於在每一項任務中都看到困難。他們莫名其妙的擔心，使自己喪盡勇氣。一旦開始行動，就開始尋找困難，時時刻刻等待困難出現。當然，最終他們發現了困難，並且為困難所擊敗。

他們善於誇大困難，缺少必勝的決心和勇氣。即使為了贏得成功，

也不願意犧牲一點點安樂和舒適作為代價，總是希望別人能幫助他們，給他們支持。如果機遇總是不曾垂青他，他總是找不到自己喜歡做的事，那他就承認自己不是環境的主人，他不得不向困難低頭，因為他沒有足夠的力量。

那些只看到困難的人，有一個致命弱點，就是沒有堅強的意志去驅除障礙。他沒有下定決心去完成艱苦工作的意願；他渴望成功，卻不想付出代價；他習慣於隨波逐流，淺嘗輒止，貪圖安樂，胸無大志。

有的年輕人知道自己追求什麼，卻畏懼成功道路上的困難。他把一個小困難想像得比登天還難，一味悲觀歎息，直到失去克服困難的機會，一次又一次的陷入惡性循環，終將一事無成。

意志堅定、行動積極、決策果斷、目標明確的人，能排除萬難，勇敢的向著自己的目標前進，去爭取勝利。成就大業的人，面對困難時從不猶豫徘徊，從不懷疑是否能克服困難，他們總是能緊緊抓住自己的目標，進行堅持不懈的努力，暫時的困難對他們來說微不足道。

貝內特在四十歲那年拿出了全部財產——僅有的三百美元，在一間簡陋的小屋中開始了他的事業。

他把一張木板搭在兩個圓桶上做辦公桌，他身兼數職——既是打字員又是打雜工，既是出版商又是記者，既是小職員又是編輯，既是校對者又是印刷工。就這樣，他開始了創辦《紐約先驅報》的歷程。

起初，他試圖沿用一般的做法，但經歷了無數次的嘗試和失敗後，他決定走出一條自己的路。在不怕困難的思想的支撐下，他最終獲得了巨大的成功。

偉人只關心一個問題：「能完成嗎？」而不管有多少困難。只要事情是可能的，困難就能克服。一個會取得成功的年輕人也會看到困難，但卻從不懼怕，因為他相信自己能戰勝，相信勇往直前的勇氣能掃除一切障礙。

對拿破崙來說，阿爾卑斯山算不了什麼。並非阿爾卑斯山不可怕，冬天的阿爾卑斯山幾乎是不可翻越的，但拿破崙卻覺得自己比阿爾卑斯山更強大。雖然在法國將軍們的眼裡，翻越阿爾卑斯山太困難了，但是他們的領袖的目光卻早已越過了阿爾卑斯山上的終年積雪，看到了山那邊碧綠的平原。

路易莎．奧爾科特用她的筆賺了二十萬美元。但是，當她第一次感到自己具有這種才能的時候，她的父親遞來一張紙條，那是《亞特蘭大》的編輯菲爾德先生寫給他的：「叫路易莎繼續教書吧！她在寫作這一行永遠不會成功。」

奧爾科特說：「告訴他，我一定會成為一名成功的作家，有一天我會為《亞特蘭大》寫稿的。」不久，她為《亞特蘭大》寫了一首詩，人們竟以為是愛默生的作品。

她在日記中寫道：「二十年前，我決心用自己的力量還清家裡欠的債。四十歲那年，我做到了。債務全部還清了，包括那些按照法律無需歸還的部分。我們還有足夠的錢過舒適的生活，儘管這稍稍有損我的健康。」

你應該瞭解，你開始邁向成功的轉折點，通常是由挫折或失敗所決定的。有了這項認知之後，你就不必再將挫折看成是失敗，而應把它看成是一個暫時性、而且可能會帶給你祝福的事件。

在工作和生活中遇到困難是難免的。一般人經過短暫的努力之後會感到很疲倦，然後就想半途而廢。其實，自然所賦予人的巨大精力絕不僅止於此。人只要多努力一點，就可以獲取這些能量。

♛

人生就是一場搏鬥。敢於拚搏的人，才是命運的主人。在冰天雪地的嚴寒中，再搏一下，就會迎來溫暖的春風！就像汽車的油門一樣，只要我們用力踩下去，便會產生巨大的衝力。我們多督促自己一些，便會發現自己潛藏著無限精力。一旦我們真正去推動自己，就能穿透疲乏的層面，發掘下面隱藏的潛力，必會得到驚人的效果。

11 積極而得體的爭取自己應得利益

在一個工作群體中，在利益面前，不要逆來順受，也不要過分謙讓，應該大膽的向上司爭取自己應該得到的利益。

你是否認真的考慮過：你是在為了什麼而工作？你是在為誰而工作？也許對於這個問題有很多的回答，有些人們經常在媒體上講的甚至顯得冠冕堂皇。

其實，任何人都不能否認，在某種程度上，我們是為利益而工作，比如：金錢、福利、職務、榮譽等等，否則就未免太虛偽了。在當今市場經濟體制下，我們說為利益而工作是正大光明的。之所以強調在與上司相處的過程中要學會爭利這個問題，就是因為有許許多多的人因為不會爭利而頻頻「吃虧」。

不會爭利一般有兩種表現，一種是不敢爭利，甚至連自己應該得到的也不敢開口向上司要求，既怕同事有看法，也怕給上司造成壞印象，大有「君子不言利」的味道；一種是過分爭利，利不分大小，有則爭之，結果整日跟在上司屁股後喋喋不休的講價錢、要好處，徒然惹人厭煩。這兩者都是不會爭利。

爭利也要講求技巧問題。什麼時候該取，什麼事上該捨，既需要智慧，也要把握住分寸。常言道：「老實人吃啞巴虧。」「會吵的孩子有糖吃。」這話雖有些偏頗，但某些時候卻也反映了一定的社會現象。

有些人認為向上司要求利益，就是要與上司發生衝突，給上司找麻煩，影響兩者的關係，以至於什麼都不敢提，結果往往是一事無成。

要知道：做好本職工作是分內的事，要求自己應該得到的也是合情合理的。付出越多，成績越大，應該得到的就越多。只要你能為公司做出成績，向上司要求你應該得到的利益，他也會滿心歡喜；如果你無所作為，無論在利益面前表現得多麼「老實」，上司也不會欣賞你。

事實上，從領導統御來說善於駕馭下屬的上司也善於把手中的利益作為籠絡人心、激勵下屬的一種手段。可見，下屬要求利益與上司把握利益是一個積極有效的處理上下關係的互動手段。

一個有貢獻的人、一個有成就的人，為自己的利益而爭取是光明正大的。那麼，該怎樣把握取捨的分寸、合理的爭取自己應該得到的利益呢？如下建議可供參考：

一、不要錯過晉陞的機會

現代社會充滿了競爭，晉陞之途也不例外。在通向金字塔頂的道路上每一步都是競爭的足跡。對於同一職位覬覦者眾多。因此當你瞭解到某一職位或更高職位出現空缺，而自己完全有能力勝任這一職位時，就要主動爭取，主動出擊，把自己的想法或請求及時告訴上司。

即使上級已經有了指定的候選人，如果這位候選人在各方面條件都不如你，你也應該積極主動爭取，過分的謙讓可能會堵死你的晉陞之路。當然，下級向上級提出請求時應講究方式，不能簡單化。宜明則明，宜暗則暗，宜迂則迂，這要根據你上級的性格、你與上級以及同事的關係等因素而定。

二、適當的提出調換工作職務的請求

一個人如果能得到與自己的能力、興趣完全一致的工作職務，那無疑是一件非常值得慶幸的事。但是，在現實生活中，命運往往跟人們過不去。

人們往往在社會分工中，被安排在某個不如己願的工作職務。例如：有人想做電工，卻分到了機床邊；有人想開汽車，卻來到鍋爐旁……面對這種種不盡如人意之處，人們應該主動進行調整，而不能一味遷就社會，將就自己。在條件允許的情況下，應該主動找上司談談，提出調換工作職務的要求。

當然，在提出類似的請求時，最好是先考慮一下這樣做的可行性究竟有多大，然後再作決定。

三、把握住爭取利益的時機

「重賞之下必有勇夫。」上司在交代重要任務時常常利用承諾作為一種激勵手段。對下屬而言，這既是壓力又是動力；對上司而言，心理上也感到踏實、穩定。

如果上司在交代任務時忘記了承諾，或不好做出承諾，你應該提前要求你應該得到的。這不是什麼趁火打劫，上司也較容易接受。

在接受重大任務前，當面向上司請求自己應該得到的，既表明你對完成任務充滿信心，也能表明你既然如此坦誠的要求了利益，那麼在完成任務的過程中就會全力以赴，至少在上司心目中能造成這樣一種印象。

四、爭取利益要把握好分寸

有些人在向上司提要求的時候很難把握好分寸和時機，往往要求過高，引起上司的反感，招致旁人的奚落。有經驗的職場高手指出，向上司爭取利益需要做到以下幾點：

♠爭小利。不為蠅頭小利傷心動氣，略顯寬廣胸懷、大將風度，在上司心目中形成「甘於吃虧」、「會吃虧」的好印象，在小利上堅持忍讓為先。

♠按「值」論價，等價交換。最簡單的例子，如你拉到十萬元贊助費或為公司創造一百萬元利潤，你要按事先談好的「提成」比例索取報酬，不能擴大要求，也不要讓上司削減對你的獎勵。

♠適當誇大困難，允許上司打折扣。「漫天要價，就地還錢」也是對付一些喜歡打折扣的上司的方法。有時你把困難說小了，上司可能給你記功小，給你的好處也少。因此，要學會充分「發掘」困難，善於向上司表露困難。要求利益時可以放得大些，比你實際想得到的多一些，給上司一些「餘地」，才不會讓人造成你「想要多少就得給多少」的想法。

♔ 不管你想爭取什麼樣的利益，都不要忘了一個基本前提：在生活中或在職場中，一定要肯花心力，做好自己該做的事。這樣，你才有可能、也有資格獲取自己所期望的一切。

選擇對了，你可以有更走運的人生

Part 3

選擇最佳方案，放棄平庸做法

做事情有三個基本步驟：確定目的，採取有效正確的手段，產生預期的結果。聯結目的和結果之間的橋梁即是——採取有效、正確的手段和方法。做任何事都往往有多種方法，聰明的人總會努力去思考和選擇最好的方法。美國著名的成功學大師拿破崙．希爾說：「要想成功，先要有正確的思想方法和思維方式。你思想所要的，都可以實現。」

高額的獎賞是為那些敢於思考、勤於思考，並且能進行創造性思維的人所準備的。積極的思考和創新精神是你用來進行競爭、取得優勢的強有力的武器。

01 要強調努力，更要注重選擇方法

「一分耕耘、一分收穫」沒有錯，錯的是那種明明放著電梯不用，卻偏要自己爬上高樓的人，以及他們借此沽名釣譽的手段。用簡易的方式做事不等於懶惰；應該反對的是投機取巧和不勞而獲的行為。

在生活中，我們無一例外的被教導過，做事情要有恆心和毅力。比如：「只要努力，再努力，就可以達到目的。」諸如此類的說法，我們早已十分熟悉了。

你如果按照這樣的準則做事，你常常會不斷的遇到挫折和產生負疚感。由於「不惜代價，堅持到底」這一教條的原因，那些中途放棄的人，就常常被認為「半途而廢」，令周圍的人失望。但是，我們必須認識到一種不良的傾向：在生活中，太多人願意強調努力，而不注重方法。

銷售經理對業務受挫的推銷員經常說：「再多跑幾家客戶！」父母對拚命讀書的孩子常說：「再努力一些！」但是，這些建議都有一個漏

洞。

就像有人曾經問一位高爾夫球好手：「我是不是要多做練習？」高爾夫球高手卻回答道：「不，如果你不先把揮桿要領掌握好，再多的練習也沒用。」

如果有人準備學打高爾夫球這種難度極高的運動項目，他將為設備、球具、教練和訓練花上大筆的金錢，他還會將昂貴的球桿時而打進池塘，他也常常會遭受挫折。

如果他學習高爾夫球的目的是成為一位高爾夫球好手，或者在與朋友們相聚時可以共同打打球，那麼這些投入是十分必要的，而且他還必須持之以恆，才會達到自己的目的。

但是，如果他的目標是為了每週運動兩次，減輕幾磅體重並加以保持，使自己神清氣爽的話，他最好放棄高爾夫球，在住宅附近快走就足夠了。

如果他在拚命練習了一個月或兩個月的高爾夫球之後，漸漸認識到這一點，他放棄高爾夫球，開始進行快步走的鍛鍊方式，我們應該怎樣評價他呢？說他是一個沒有恆心、半途而廢的人？還是說他非常有自知之明？他是成功者抑或失敗者？

總體來說，設定目標十分有意義。畢竟，對自己的人生方向有明確的認識是非常重要的事情。

可是現實中人們總是計較如何達到目標的過程，因而失去了很多好機會。他們還認為要達到目標一定要經受大量的毅力考驗，即使有捷徑可走，他們仍要選擇艱辛的過程。

我們應該調整思維，盡可能用簡便的方式達成目標。你應該選擇用簡易的方式做事。如果你在與別人做同一件事情的時候，可以躺在樹蔭下的吊床裡，喝著檸檬汽水，打著手機，輕鬆自如的完成工作；而其他人則要急匆匆的趕公車，拿著塞得滿滿的公事包，走在繁忙的街頭，在接待室裡數著時間等待……二者相比，當然是你更明智和高明。

許多西方人喜歡賽馬。不論是比賽標準用馬、駕車比賽的馬、快步馬、側對步馬，都有複雜的配備用具。尤其是側對步馬，為了讓側對步馬取得好成績，可以為牠配備幾十種用具：長短不同的腳絆、膝靴、踝靴、頭桿、眼罩、不同的馬籠頭等等。鐵匠可以根據需要，打造出不同型號、不同重量的蹄鐵，並安上或取下額外的把手等。其中任何一項都可以影響馬在比賽中的表現。

因此，當你感覺馬的表現不好的時候，就應該做一下檢驗，全面的檢查一下牠的用具。你可以一次一樣的進行，戴上或取下眼罩如何？耳朵裡塞上棉花又如何?依次類推。

但是大多數人不是這樣做。他們仍堅持讓自己的馬以原來的狀態繼續比賽，或者不斷用鞭子越來越起勁的抽打賽馬，企圖憑著這種堅持比到底的精神改變結果。這是不可能的。我們大多數的人在這種場合下，也都是希望這不爭氣的馬再加把勁。但是，如果馬的蹄鐵不合適，再怎麼加勁也沒有用，只有換上合適的馬蹄鐵才行。（註、一匹賽馬在每次比賽後都要休息一至三天，這樣才可以使牠擺脫賽場上的激動狀態。）希望賽馬不斷加勁是十分不明智的，想辦法使馬保持良好的狀態才是明智之舉。

無論如何，大多數人關於堅持不懈的觀點，就像希望賽馬的比賽應該立刻重新進行一次一樣，他們不是認真的調整賽馬的狀態，而是希望賽馬以原來的狀態，在重新開始的比賽中，從原來的第五名基礎上，跑出第一名的成績來。

許多教練因為這樣的個性輸掉很多比賽。

我們在電視轉播上可以看到這樣的籃球教練，在中場休息後，他走出休息室，球隊已經輸掉二十八分，球員被教訓得不知該如何打下去，他卻對著球賽轉播員大嚷：「我們會按原計劃打完比賽。」

什麼？你用心看比賽了沒有？你原來的比賽計劃不靈，知道嗎？你的隊員在場上被打得七零八落，看到沒有？我們堅持原訂的比賽計劃，不是真正意義上的堅忍不拔，這是呆板和愚蠢！——噢！教練又說了：「我們的隊員只是需要再加把勁。」

在生意場上，這樣的例子也屢見不鮮。

一個推銷員就被客戶以「再說吧」這樣的方式逐漸毀掉了前程。他在每一次與客戶洽談業務的時候，都力圖操縱局面，所以客戶能給他的答案只有「再說吧」。他辦公桌的抽屜裡裝滿了的生意檔案上大都寫著

「容後再議」。他月復一月的與這些客戶滿懷希望的聯絡，卻毫無所獲，仍以此為榮。

不幸的是，他這種堪予稱讚的堅忍不拔的精神，卻沒有絲毫的實際價值。收入豐厚的推銷員，只會盡快行動，要求客戶給出明確的「是」或「不是」的答案。這樣他們就不必在已接觸的客戶身上再花費時間和精力，而再投身到與下一個客戶的業務上去。

不論你把推銷講得多麼複雜，它首先是一個數字遊戲。你能盡快知道誰對你說不，你就有機會聽到更多的人對你說是。這位自毀前程、勤奮的推銷員認為，只要他能堅持不懈的與這些客戶一而再、再而三的聯絡，憑著他的執著，他的客戶一定會與他達成交易。他認為自己的毅力一定會瓦解客戶的拒絕。事實卻不盡如人意。看來，正確的方法比執著的態度更重要。美國成功學大師拿破崙．希爾在《思考致富》一書中講道，他在愛迪生的實驗室中訪問過他。愛迪生做了一萬多次實驗才發明了電燈。希爾問他：「如果第一萬次實驗失敗了，你會怎麼辦？」

愛迪生回答：「我就不會在這兒與你談話了，此刻我會把自己鎖在實驗室中，做第一萬零一次實驗。」

這個小故事被大多數談到「進取」的演說家用作堅忍不拔的典型例證。但是，事實上，愛迪生不是把同一個實驗做了一萬次。他做了一萬個不同的實驗。他也就是做了一萬次假設，而且一發現不對就馬上放棄。他做了一萬次的「半途而廢」！

♔

從現在開始，要把尋找解決問題的有效方法作為你生活的一部分，哪怕你只是拿出很少的時間，也會對你的生活產生深遠的影響，最終促成巨大的改變！

02 培養創造力，敢於打破常規

「一個人是否具有創造力，是一流人才和三流人才的分水嶺。」在各國及各界對人的創造力的重要性給予充分研究的同時，創造力教育已經在越來越多的國家得到重視。

給予創新意識及創造力如此重要的地位並不為過。美國之所以在世界上具有強大的優勢，並不僅僅在於其擁有強大的武器及富足的金錢，而關鍵在於它擁有一個龐大的人才資源庫，而這個資源庫是各種創新的發源地。正是這些創新，使美國的各種產品，如：武器、航空航太、電子電工、汽車、化工、醫學等始終處於世界的領先地位。不僅如此，在產品的開發、銷售以及各種活動的組織方面，美國人也是經常位居領先。

如果說在過去，創新是一個個人、一個企業、一個國家生存、發展、成功、領先的基礎；那麼在將來，這更是一條顛撲不破的真理。道理是顯而易見的，隨著科技的不斷發展，尤其是電腦產品的不斷更新汰換，人腦將透過電腦的使用來節省大量記憶的時間和精力，人將主要去從事對電腦中所存儲的信息進行篩選、分析和歸納；然後對篩選、分析和歸納過的知識、信息進行合成、組合、改變；最後運用個人所特有的創造力對原有的信息、知識在加工改造的基礎上形成新的信息和知識產品。

同時，隨著社會的不斷進步，現代科技發展一日千里，誰能創造出滿足人類社會需要的新產品，誰就擁有競爭的優勢。哪個國家能夠在傳統上有新的突破，哪個國家的國內就會有突破性的發展；哪個人能夠有符合社會需要的創新，哪個人就會在事業上有新的發展空間。

在知識日益增值的時代，商品價值已不是勞動者簡單體力的物化，而更多的是勞動者創造性智力的轉化。勞動者的創造性智力使商品的價值出現幾何級數的擴大。因此，個人強烈的好奇心、高度的創新意識、創造欲和較強的創新能力是我們在新時期必須具備的基本素質，增強個人的創新意識和創新能力已經成為時代的最基本的要求。

法國科學家法伯做過一個有名的「毛毛蟲實驗」。

法伯在一個花盆的邊緣上擺放了一些毛毛蟲，讓牠們首尾相接圍成一個圈，與此同時，在離花盆周圍六英吋遠的地方布撒了一些牠們最喜歡吃的松針。由於這些蟲子天生有一種「跟隨者」的習性，因此牠們一隻跟著一隻，繞著花盆邊一圈一圈的行走。時間慢慢的過去，一分鐘、一小時、一天……毛毛蟲就這樣固執的兜著圈子，一走到底。後來，法伯把其中一個毛毛蟲拿開，使其原來的環出現一個缺口，結果是在缺口頭一隻的毛毛蟲，自動的離開花盆邊緣，找到了自己最喜歡的松針。

毛毛蟲的實驗告訴我們，在一個封閉的思維模式裡，很容易形成盲從和跟隨。一個膽小怕事的人，無論多麼有才幹，絕不會成為真正的成功者。一個優秀的頭腦不會屈從於陳規，或者因循守舊。真正的成功者從來都是陳規陋習的粉碎者。正是這萬裡挑一的人物，才能夠從芸芸眾生中脫穎而出，打破常規，標新立異，以其獨特的個性展示，贏得真正的成功。

多年前，在哈佛大學醫學院的一次會議上，一個教授憤怒的說：「我想不明白，我們為什麼要改變學院現有的管理模式？要知道，八十年來，我們的學院在這種模式下一直運作良好。」

「我可以回答您的這個問題。」會議主持者、年輕的校長埃利奧特說道：「因為現在來了新校長。」這位年輕的新任校長只有三十五歲，大膽而自信，對那些僅僅是因為古老，或者因為已成定規而一直遵行至今的陳規舊律，他可是沒有絲毫的敬畏。

對於如何管理這所大學，他有著自己全新的觀念，他也有勇氣、有能力去推行這些觀念。作為新任校長，他決心要為這所古老的大學注入新鮮的血液，賦予它嶄新的生命，無論要打破什麼樣的先例，也不管會冒犯哪些人的觀點。

年輕的埃利奧特發現，哈佛大學傳統的教育體制和宗教體制確定是根深蒂固的，但他無所畏懼，憑藉著自己非凡的才幹，勇敢的破舊立新。在他的英明領導下，到他離任時，這個原來僅有四百名學生的一座神論小學院，已經擁有了六千名學生，並吸收了大量優秀的教師，成為世界上最著名、最有前途的大學之一。常規是被眾多人認定的；但是，能夠贏得精彩人生、創造輝煌事業的人，恰恰只是少數。曾經有一位社會學者調查後得出結論：凡是能夠成功打破常規的人，幾乎都贏得了成功。

查理是一位年過四十的商人，出生在一個偏遠的山區，父母都是農民。查理思維敏捷，腦子裡成天想著發財的事情。儘管他的想法常常遭到別人的恥笑，但他依然沒有放棄。

查理經常到另外一個同樣非常偏遠的山區去，開始的時候，他只是幫助需要勞力的人家做事，後來，他在這個山區做起了生意。

查理發現這個地方的商品交易非常落後，於是就萌發了開一個小型商場的想法。他把這個想法告訴家人後，遭到了反對，他的家人認為那麼貧窮的地方，生意必定不會好。但是，查理堅持自己的想法。事情如他所預想的那樣一帆風順，生意出奇的好。農民們的產品有了正規的交易市場，經濟逐漸活躍，市場進入了良性循環。現在，查理已經不得不擴大自己的經營了。

♛

常規是束縛創造力的關鍵，如果我們能夠打破常規，衝出重圍，我們就可以開啟成功的大門；否則，我們永遠只能在成功的邊緣徘徊。

03 進行發散思維，擺脫習慣性思維

專家指出：習慣性思維常常是阻礙人們走向成功的最大障礙之一。我們很容易陷入習慣性思維的陷阱。幾個世紀前牛津大學的幾何學大師道奇森和維多利亞女王之間的故事就能生動的說明這一點：

有一年，道奇森和三個小女孩在泰晤士河裡划船，他認為和小女孩們交流最好的辦法只能是說故事。於是，他啟動他慣於嚴謹思維的腦袋，發揮出色的想像力，編了一個童話。

後來他把這個童話寫成書，以劉易斯．卡羅爾的筆名出版，立刻轟動全英國，那本書就是著名的童話經典《愛麗絲夢遊仙境》。當維多利亞女王看了這本書以後，深深的被吸引，迫不及待的叫侍從通知道奇森，她希望看到他的全部作品。不久，道奇森親自送去幾卷自己的著作，讓維多利亞女王面紅耳赤，因為他送去的全是關於幾何學的學術著作。

女王掉進習慣的陷阱了，她依照常識以為童話傑作的作家所寫的其

他著作一定也是童話。這就是習慣思維產生的障礙。

有些教師傾向於教導學生一個問題只有一個正確答案。所以，「一個正確答案」的觀念深植在我們頭腦中。然而，生活中大多數問題並非如此。依你選擇的標準不同，有許多正確答案。如果你認為只有一個正確答案，那麼在你尋找到一個之後，就會停止追求其他答案的努力，這是與創造的宗旨相違背的。具有創意的答案或許就在第二、第三個答案裡頭。

如何克服只有「一個正確答案」的傾向呢？培養發散思維能力，擺脫習慣性思維就是良方。發散思維是針對一個問題、沿著各種不同的方法去思考、從多方面提出解決方案、尋求各式各樣的解決辦法，以求得最佳解決問題方案的思維。

它重視問題所提供的信息與記憶中的各種信息的聯繫，進而產生新的信息。發散思維有助於避免考慮問題的單一性，幫助人們擺脫思維的僵化、刻板和呆滯，獲得創造成果。所以說，發散思維是創造性思維的主要構成成分。

發散思維在人們的言語和行為表達上具有三個明顯的特徵：流暢性、變通性和獨特性。

習慣性思維對於一個問題，只從單一方向、單一角度、僵化的、習慣性的進行思維。這種思維方式剛好與發散思維的流暢性、變通性和獨特性相牴觸，不利於創造力的發揮，應該加以克服。

那麼，該如何擺脫習慣性思維的局限性和可能造成的負面影響呢？如下建議可供參考：

一、避免將事物的關係固定化

實際上，世界上的任何事物都是有關聯的，彼此發生著各式各樣的聯繫，而且聯繫形式是網絡化的形式，而不是單一線條的形式。也就是說，一事物總是與多種事物發生關係，聯繫在一起，而不是只與單一事物發生關係，聯繫在一起。但是，由於日常生活工作經驗常使人們習慣的把一事物與另一事物的關係固定下來。久而久之，思維時常認為這一事物只與那一事物有關係、有聯繫，而忽略這一事物與其他事物的關係和聯繫，此一錯誤的認知這將會影響並阻礙問題的解決。

例如：一天晚上，湯姆正在讀一本有趣的書時，媽媽把電燈關了。儘管屋子裡漆黑一片，他卻繼續在讀書。他是如何做到這一點的呢？

回答這個問題的關鍵在於，在暗處湯姆仍在讀書。對此，你可能百思不得其解。沒關係，先對關鍵點提幾個問題進行發散思維。例如：「盡可能說出『他讀的書』是什麼樣的書？」「盡可能說出『他』是一個什麼樣的人？」「什麼樣的人能在暗處讀書？」等，透過這些問題的發散思維，解決問題的線索就找到了。

如果你沒辦法解決問題的話，原因就在於把「讀書」必須「用眼睛看」這一關係固定化。對於常人是這樣，但對於盲人，讀書不是用眼睛看，而是用手摸。所以，不管屋子裡是光亮的還是漆黑一片，盲人照樣能讀書。

所以，當解決問題感到不得其解、束手無策時，先分析出解決該問題時無法解釋的關鍵點，並用一句話表述出來。例如上例的關鍵點是「在暗處他仍在讀書」。然後對關鍵點中各個要素進行思維發散，如上例的「盡可能說出『他讀的書』可能是什麼樣的？」「盡可能說出『他』可能是什麼樣的人？」等。透過思維的發散，就可以擺脫關係固定化，找到解決問題的線索。

二、避免將事物的性質固定化。

事物的性質是多種多樣的，但由於日常接觸到的某種事物常常只表現出某種性質，而其他性質不常表現。久而久之，在人們的頭腦中形成了一個深刻的印象，一提到這種事物，馬上想到該事物的這種性質，固執的認為這種事物只有這種性質，而不是進一步發散，想想是否還有其他的性質。這就會影響和阻礙問題的解決。

例如，查理宣稱，在某一天的某一時刻，他將創造一個偉大的奇蹟：他將在哈德遜河水面上行走二十分鐘而不沉入水裡，一大群人聚在一起想親眼目睹這一情景。果然，查理像他說的那樣，在河面上行走了二十分鐘。他是怎麼做到的呢？

有些人看到這個問題，認為簡直不可想像，不用其他輔助工具怎麼能在水面上行走？肯定會沉入水中。但如果用發散思維進行思考，問題就迎刃而解了。比如，你可以想像：這一天是什麼樣的天氣狀況？發散思維的答案有，晴天、陰天、下雨天、霧很大、天氣很冷、夏天、秋天、冬天、春天等。

查理可能是一個什麼樣的人？答案有平常的人、男人、會輕功、會氣功、腳很大、體重很輕的人等。水有幾種狀態？答案有氣態、固態、液態、海水、湖水、淡水、鹽水等。

最後，把發散思維的各個答案與問題聯繫起來看是否能解決問題。例如：晴天，不能解決問題；下雨天，不能解決問題；冬天，水面結冰，問題解決了。再如：液態，不能解決問題；固態，水是固體，即水面結冰，問題解決了。

三、避免孤立、片面、靜態的去看待事物

任何事物的存在、發生、發展變化過程總是與環境緊密聯繫在一起，是發展變化的。但是，我們在思考一個問題時，有時常常把問題孤立起來，不與其他事物聯繫起來，或者使之處於靜止的狀態，不用發展的觀點來思考問題，這將使問題難以解決，即使解答出來了也是錯誤的。

如何克服孤立、片面和靜態化的習慣性思維呢？顯然，在解決問題

時要樹立起全面、系統、發展的觀點來看問題，考慮一下問題可能的情境、情況將會怎樣發展。

具體做法是用設身處地法來解決這類問題。所謂設身處地法是把你自己設想成為思考的對象，然後，重複想像你處在這種環境下將怎樣發展？可能處於什麼狀態？將怎樣變化？怎樣行動？行動的過程如何？等等。透過設身處地法，身臨其境，使你較容易擺脫孤立、片面、靜態化的習慣性思維，順利的解決問題。

四、避免使自己的思維方向固定化

人的思維過程常常有一定的習慣性思維方向。一拿到一個問題時，馬上從該方向去考慮這個問題，往往得不到結果。

例如：「兩艘宇宙飛船直線相向飛行。一艘飛船的速度為每分鐘八公里，另一艘為每分鐘十二公里。假設它們相距距離五千公里，那麼在相撞前一分鐘，它們之間的距離是多少？」

有人在解決這個問題時思路是這樣的，要算出相撞前一分鐘它們間的距離，顯然是原來相距的距離減去兩宇宙飛船相撞前一分鐘的前面一段時間內飛過的距離之和。於是，他就沿著這樣的思路來解答該問題，先假設X分鐘後兩飛船相撞，再用五千減去（X減一）乘以兩飛船速率。

用這種方法要得到答案要花一定時間，且還不很容易得到答案。但是，如果改變了思維的方向，要求相撞前一分鐘它們之間的距離，不就等於在這一分鐘內兩艘宇宙飛船飛的距離嗎？

想到這裡，答案就很明顯了，十二加八等於二十公里。

♔ 不同的思維方向使問題解決的簡捷、難易程度不同。所以，在解決問題時，如果覺得用習慣性思維方向解決問題繁瑣、複雜且很不容易得出答案，就要審查一下思維方向是否適當，或換用其他方向來思考。

04 嘗試改變解決問題的習慣

人們在一定的環境中工作和生活，久而久之就會形成一種固定的思維模式，我們稱之為思維定勢。思維定勢使人們習慣於從固定的角度來觀察、思考事物，以固定的方式來接受事物，它是創新思維的天敵。美國康乃爾大學的威克教授所做的下面這個著名的實驗，就生動的說明了這個道理：

把六隻蜜蜂和同樣多隻蒼蠅裝進一個玻璃瓶中，然後將瓶子平放，讓瓶底朝著窗戶。結果發生了什麼情況？你會看到，蜜蜂不停的想在瓶底上找到出口，一直到牠們力竭倒斃或餓死。而蒼蠅則會在不到兩分鐘之內，穿過另一端的瓶口逃逸一空。

由於蜜蜂對光亮的喜愛，牠們以為「囚室」的出口必然在光線最明亮的地方。然而，正是由於牠們的智力和經驗，導致了牠們的滅亡。而那些蒼蠅則對事物的邏輯毫不留意，全然不顧亮光還是黑暗，只顧四下亂飛，結果，「歪打正著」撞上「好運」，這些頭腦簡單者在智者消亡的地方反而順利的得救，獲得了新生。

每個人都在不同程度的被自己的習慣和慣性思維所左右。如上班時總是習慣走一條固定的路線，出差時喜歡住在自己熟悉的飯店——道理很簡單，因為人們相信經驗，害怕改變，擔心這種改變會為自己帶來不必要的麻煩。但遺憾的是，人們的這種習慣實際上並非最佳的選擇。

美國第十五任總統詹姆斯．布坎南是長老會教徒。一八三二年，布坎南在駐俄大使任上寫信給他當牧師的弟弟說：「我能夠真誠的對自己說，我希望成為一名基督徒。我認為我能夠從空虛和世俗的罪惡中解脫出來而不必忍受許多痛苦。自從我來到這片陌生的國土，在這個問題上我已經考慮了許多，有時幾乎已經使自己相信，我就是一個基督徒，不過，我經常被懷疑論的幽靈和疑惑所困擾。在許多場合下，我的真實感情是：上帝，我願意相信您，請幫助我祛除心中的懷疑。」

他的疑惑持續了許多年，儘管心存疑惑，但他終生都是一個積極的基督徒。他每天背誦禱文，嚴格的奉守安息日，在任駐俄公使時，拒絕星期天去聖彼得堡舉行的宮廷舞會上跳舞。

布坎南認為在人生的各個方面都有一個現實的上帝存在，這個上帝就是現實生活的陳規舊則。生活的彈性幅度必須在這些規則中屈伸。作為舊式學校培養出來的紳士，他舉止高雅，穿著無可挑剔。他做事喜歡有條有理。多年來，他一直保留著帳本，認真記下他經手的每一文錢。他任皮爾斯總統的駐英公使時，每日都要記下他的男僕的花銷，就連大別針和吊帶鈕扣所花的幾便士都要記錄。

在政治舞台上，這個上帝就是「憲法」。律師出身的布坎南，把自己的一切活動都置於憲法之下，並且篤信憲法。

在南方各州脫離聯邦的危機中，布坎南一籌莫展，不知所措。他想透過修正憲法來保護南方的奴隸制以求消除危機，但是修正案沒有被通過。

一八五八年在布坎南去世前不久，他說：「我一直認為而且現在仍然認為我按照憲法處理了交付於我的所有公務，我對我一生中所從事的政治活動毫無遺憾之處，歷史將證明我沒有玷污我的一生。」

但是，他錯了，歷史並沒有如此肯定他的一生。人們普遍認為：「他天生是一個偉大的律師，是命運糟蹋了他，使他變成了一個政治家。」

人生會碰到許許多多意想不到的問題，如何解決便是一門學問和藝術。解決問題，處理危機，要依靠自己果斷採取適宜的行動，而不要循規蹈矩，或一籌莫展，等待上帝幫你想辦法。一個循規蹈矩的人，永遠不能成為一個傑出的領袖。

思考問題時，不要只在表面上轉來轉去，更不要死鑽牛角尖，這樣只會離題越來越遠。要從多個角度思考問題，打破自己的思維定勢，只有這樣，才會有所突破。

一七九八年五月，拿破崙出征埃及。他擔心在地中海會遭到英國艦隊的截擊，便採用各種手段到處散佈假情報，說法國地中海艦隊將進入大西洋，在愛爾蘭登陸。

因為兩年前確實有一支法國軍隊企圖開赴愛爾蘭，曾使英國受到一場虛驚。英國海軍指揮官納爾遜害怕拿破崙這一次是真的進攻英國本土，便把艦隊調集在直布羅陀海峽，準備截擊從這裡通過的法軍。

拿破崙看到英國已上了假情報的當，便乘機從土倫軍港出發，開赴埃及，並順利的在埃及登陸。拿破崙「聲東擊西」的詭計得逞。一八〇五年，在法軍與俄奧聯軍之間進行的奧斯特利茨戰役中，當法軍經過一系列的謀劃形成決戰態勢之後，拿破崙一面在與俄奧聯軍指揮官進行談判時，故意將法軍已制訂的作戰計劃全部暴露給對方，一面派出人員在陣地上大聲宣讀進攻聯軍的命令。

在兩軍對陣的戰場上，誰能相信那高聲宣讀的命令是真的呢？拿破崙這種大膽的洩漏「天機」的辦法，卻有效的掩蓋了「天機」，使聯軍錯誤的判斷了法軍的進攻部署和企圖。

俄奧聯軍指揮官當時認為，拿破崙是在聲東擊西，把他們當成小孩子，讓他們上當。要不然，怎麼能把作戰計劃全盤端出，讓對方知道呢？於是，命令聯軍從已佔據的高地撤出，以防中拿破崙的計。

然而結果恰恰相反，拿破崙有意暴露作戰意圖，是要使對方形成他「聲東擊西」的錯覺，視真為假，以達到欺騙對方的目的。拿破崙按照暴露給對方的作戰計劃，使俄奧聯軍遭到了伏擊。

在戰爭中，為了取得勝利，最重要的是知己知彼。依靠「聲東擊西」和「聲東擊東」迷惑了對方，你勝算的把握就大了。在生活中也是一樣，思路靈活的人，在遇到困難或障礙的時候，勝算的把握才會大。

♔ 在生活中，敢於打破常規，善於隨機應變，能夠因人制宜、靈活處理複雜情況的人，才算得上是真正的聰明，也最容易達到目的，獲取成功。

05 換個方式進行思考

我們常常生活在一種習慣裡，面對生活中的變化，我們習慣於過去的思維方式，思維有了定勢，心路就狹窄，許多事情會想不開。「換個方式」這麼簡單的創新，就可以將我們的工作及生活引上柳暗花明的新天地。

創新，是一個單位或組織發展的動力，更是一個人事業成功的關鍵。那麼，我們在日常的工作當中應該如何保持創新精神呢？

其實，我們完全沒有必要把創新看得那麼神祕。我們可以在日常的工作中從「換個方式」做起。對待熟悉的問題，多動動腦筋，嘗試著看能不能有超越常理的點子。長期下去，就會有出奇制勝的點子在腦海中閃現。可不要輕易放棄嘗試的機會，說不定你的成功就在此舉。為了你的方案更加成熟，盡可以廣泛徵求意見，深思熟慮，然後再去嘗試著做。

企業家最可貴的就是賺錢的創意。現代的市場，是最需要創意的市場。這種創意往往來自於「換個方式」思考問題的結果。

響噹噹的企業家都是創意的天才。有個外國的老闆，對千篇一律的討債單加入了創意，一下子就追回了急需的債務。請看對方接到這個討債單的員工是怎樣描述的：

因為討債單太多，更因為都是千篇一律的要求付款，我常常不知道該先付誰的錢好。經理也是一樣，他總是大概看一眼便扔給我：「看著辦吧！」能馬上說「付給他」的只有一次，而且僅有一次。

一天中午，我收到一張傳真來的帳單，除了列明貨物及價格、金額外，大面積的空白處寫著一個大大的「ＳＯＳ」（救救我）！旁邊還畫了一個大頭像，頭像正在滴淚。

這張不同尋常的帳單一下子引起我的注意，也引起經理的重視，他看了便說：「人家都流淚了，以最快方式付給他吧！」於是，這個外國老闆成功了，一下子就討回一百二十萬美元。只因為他換了種方式，把「還我錢」換成了一個小幽默，僅僅一個小幽默而已，就從千篇一律中脫穎而出。

香港一家經營強力膠水的商店，座落在一條鮮為人知的街道上，生意很不景氣。

一天，這家店主在門上貼了一張佈告：「明天上午九點。在此將用本店出售的強力膠水把一枚價值四千五百美元的金幣黏在牆上，若有哪位先生、小姐用手把它揭下來，這金幣就奉送給他（她），本店絕不食言！」這個消息不脛而走。

次日，人們將這家店鋪圍得水洩不通，電視台的採訪車也開來了。店主拿出一瓶強力膠水，高聲重複佈告中的承諾，接著便在那塊從金飾店定做的金幣背面薄薄塗上一層膠水，將它貼在牆上。人們一個接一個的上來試運氣，結果金幣紋絲不動。從此，這家商店的強力膠水銷量大增。

想想看：如果這家商店不去換個方式，而是在電視、報紙上說自己的強力膠水如何如何的好，就像通常的廣告那樣，會是怎樣的結局。

我們再來看另外一個有意思的故事：

在美國某城三十公里之外的山坡上，有塊不毛之地。這塊地皮的所有者，一直感歎偌大的土地卻賣不出好價錢。一天，他突然靈機一動，跑到當地政府部門說：「這塊地我無償捐獻給政府蓋所大學如何？」當地政府如獲珍寶。

不久，一所頗具規格的高等學府就矗立在這片荒涼的土地上。地主輕易的取得了政府的支持，在校門外修建了公寓、飯店、商場、影劇院，形成了大學門前的商業街，這街上的生意自然歸這位地主經營。沒多久，地皮的損失就從商業街的營業收入中賺了回來，更重要的是，他還獲得了一個長期獲利的大市場。如果這位地主不去「換個方式」，而是採用通常的方法尋求投資的回報，或等待高價出售，或自己開發經營，會是怎樣的結局？

其實，創新並不像我們想像的那麼難，很多時候，一條路走不通，聰明的人就會嘗試換條路走，結果自然就不一樣了。

有一家生產牙膏的公司，它所生產的牙膏品質優良，包裝精美，很受消費者喜愛，營業額連續十年遞增，每年的增長率都在百分之十至二十。可是到了第十一年，業績停滯下來，以後兩年也如此。公司總裁召開高級會議，商討對策。

會議中，公司總裁許諾說：「誰能想出解決的辦法，讓公司業績增長，重賞十萬元。」

有位年輕經理站起來，遞給總裁一張紙條，總裁打開紙條看完之後，馬上簽了一張十萬元的支票給這位經理。

那張紙條上只寫了一句話：「將現在牙膏的開口擴大一毫米。」消費者每天早晨擠出同樣長度的牙膏，牙膏開口擴大一毫米，每個消費者就多用一毫米寬的牙膏，每天牙膏的消費量將多出多少呀！公司立即開始更換包裝。第十四年，公司的營業額增加了百分之三十二。

♔

一個小小的改變，往往會引起意料不到的結果。既然創新這麼簡單，那我們還等待什麼，趕緊「換個方式」吧！

06 打開阻礙進行創造性思維的「鎖」

一位西方學者勉勵青年人：「雖然你成為不了愛迪生或愛因斯坦，但你能夠在工作和家庭生活中創造出解決問題的新方法。」

如果拿起一張白紙，在上面用鋼筆畫上一個黑點，你看到的是什麼呢？心理學家向幾千個成年人提出了這一問題，得到的卻是一個完全相同的答案：「一個黑點。」

他也曾向一個幼兒班的孩子們提過同樣的問題，數不清的小手一下子舉起。一個孩子尖聲尖氣的喊道：「一頂墨西哥草帽。」另一個說：「噢！那是一塊烤牛排。」第三個卻嚷道：「壓扁的小蟲。」

我們小的時候具有一種天然的創造性，這是由於我們的想像能夠自由的翱翔。但是，一旦我們學會了遵守習慣，想像就受到了束縛。生活有一種啟示：在下班回家的高速公路上，你的車一但開錯了方向，就休想再找到一條新路回家。

在我們生活的許多領域裡，創造意味著生存。世界變化如此之快，僅靠舊思想很難跟上。一位學者指出：十年前，任何技術工程師所學的知識在三年內就會有一半被淘汰掉；如今這一週期更短。幸運的是創造力並不神祕。一位曾獲得諾貝爾獎的物理學家給一種創造性品質下了個很好的定義：「發現即是見他人之所見，想他人之不想。」

怎樣才能「想他人之不想」呢？通常它只在頭腦中一閃而過，牛頓發現萬有引力就是一例。蘋果落在他的頭上使他領悟了萬有引力規律。這種機會可來自重大事件，如失去工作；也可來自小事情，如想要得到一張參加晚宴的入場券。如果打開這把鎖住我們的「精神鎖」，我們將會更加敏感的捉住這種機會——也就是說：發現新想法。

這些鎖是什麼呢？它們多半是我們通常不假思索品味就接受的普通概念，下面這些觀點就需要慎重對待，當取則取，當捨則捨：

一、尋找正確答案

從進入學校的第一天起，老師就告訴我們每一問題都有一個相對應的正確答案。

然而許多重要的結論都是開放性的。如：「失去了工作我該怎麼辦？」明顯正確的答案應該是：「重新再找一個。」但是另一個也正確：「回到學校去，學習新的職業。」第三條則同樣正確：「開創自己的事業。」

只要尋找第二條答案就可以開創你需要的新方法。一位法國哲學家埃米爾．查特依爾說過：「僅有一種想法比任何事情都可怕。」

二、合乎邏輯

毫無疑問，邏輯思維方法能將新思想置於死地，因為它排除了看來似乎矛盾的各種可能性。模糊思維像一塊自由的天地，在這裡，新思想能夠很快的發芽。模糊思維能夠在不同的事件和情境中發現相似和聯繫。有時候，用打比喻的方法打開心扉上的鎖是很有效的。

一位經理一直用合乎邏輯的方法思考著他的公司究竟出了什麼偏差，但百思不得其解。後來他想出了一個比喻才解決了這一問題。「我的公司就像一艘沒有鼓手的大划艇，大家都在用力划，一些人的槳剛剛划到一半，而另一些人卻已划完。」結果，這位經理敲起了指揮鼓，公司的航船順利的航行了。

三、遵守常規

要想獲得新思想，你就必須隨時打破那些毫無意義的常規。諾倫·布什內爾·雅塔利有限公司的創建者是一位富有獻身精神的常規反抗者。他發明了電視遊戲。有一次他想發明一種更富有樂趣的彈子遊戲——一種將小球打入插釘板上凹洞的遊戲。

按常規，這種遊戲的板子只有二十六英吋寬。很長一段時間內他遵守著這一規則無計可施。最後，他打破了這一常規，將遊戲板的寬度增加到三十英吋，因而創造了提高這種遊戲樂趣的可能性。

四、講究實際

要想發展想像力，首先需要的是各種假設，而不是狹隘的實際。「如果……將……」的自問能夠將你引進可能性的領域。

一家化學公司裡的一位工程師出人意料的問同事們：「如果在牆壁上塗上火藥，將會怎樣呢？當它幾年後開始剝落時，用一根火柴就可以將它統統燒掉。」

當然房子也許會同時燒燬，可他是在問那些不受所謂實際束縛的同事們，他們開始思考。結果可能啟發他們想出一種活化性添加劑能夠使塗料很容易的去掉。

這家公司現在正在進行這項實驗。

五、別做傻事

在以色列的一所高中裡，人們成功的進行了一次啟發創造性的實驗。對一百四十一名十年級的學生進行標準創造力測驗。參加測驗前給他們聽一段流行喜劇演員的錄音，實驗組的成績明顯的比控制組（聽另一段不太有趣的錄音）好。

幽默能使我們認清情況，捕捉住瞬間即逝的啟示和難以預料的答案。做傻瓜是一種演習。如果說必然性是發明的母親，那麼演習則是父親。面對問題時請你冒險做一次傻瓜，並記下當時的想法。

六、不要害怕失敗

如果你正駕駛著一架噴射機，你最好鎖上心中的這把鎖。然而，如果你正尋找一種新想法，你需要的卻是卡爾．亞斯特爾詹姆斯基的精神。

三十年前，記者訪問了這位波士頓紅鞋喜劇團的明星，當時他已收集了整整三千件觀眾的投擲物。

「嘿！亞茲，你不害怕這些人嗎？他們一心想要打你的腦袋。」記者問。

「嗯！」亞斯特爾詹姆斯基想了一下說：「在我的生涯裡，我已經挨了不下一萬次的打。這也就是說，我失敗過至少七千次。而這一事實能夠使我保持頭腦清醒。」

他清楚的認識到，成功和失敗是同一過程的兩個方面。錯誤不過是創造過程的階石。科學家愛迪生說過：「通往成功的路，即是把你失敗的次數增加一倍。」

七、這不是我的領域

新想法幾乎總是來自人們的專業之外。這就要求我們要成為涉獵者。成功的涉獵者的涉獵範圍很廣，並有一雙機警的慧眼。這樣才能不放過任何獵物。

瑪麗在一個實驗室工作。他們正在進行一項新型太陽能材料——砷化鎵的試驗。她想用高速水流鋸將這種材料準確的割開。但是每次試驗結果總是材料扭曲。

在家裡，她看丈夫製作木櫃櫥時注意到：每當他想準確的鋸某種木料時，他都要調整用鋸的速度。她把這種方法用於切割砷化鎵，結果成功了。

富於創造的人必須是萬事通，對每件事都感興趣，必須認識到在某一領域裡學到的東西很可能在其他領域裡也有用。

在家裡，我們都是萬事通。我們同時是廚師、裝飾家、教師、園丁和勤雜工。家庭是富於創造性的場所。每個操持家務的人在家裡平均每天碰到的創造機會，比一個中級經理在公司裡一個月所遇到的還要多。

八、認為自己缺乏創造性

我們當中的大多數人都有這樣一種想法，認為創造是藝術家和發明家的事。如果將自己降低到無創造性一類，我們就會處於一種自我安慰的心理狀態。一個認為自己在日常生活中無所創造的人，在重大問題面前將不可能做尋找創造性答案的嘗試。

一家大原油公司僱用了一批心理學家，想弄清楚：為什麼研究部門和發展部門裡一部分人比另一部分人更有建樹。三個月的研究使心理學家們得出了這樣的結論：有建樹的人認為自己有創造能力，而無建樹的人卻認為自己沒有創造力。

自信是創造的基礎，因為任何一種新思想都將使你成為先驅者。你一旦將其付之於行動，你就要一個人獨自承擔失敗和受嘲弄的風險。

♔

一位管理顧問說過：「只有尿床的嬰兒喜歡變換睡姿。」但是我們也同樣需要變換——思維的轉換才能獲得新想法，進而改變現況。

07

拋棄錯誤的態度，找到最佳解決方案

一九八一年羅傑．史派瑞因為發現人的大腦分為左右兩半球，各有不同功能，而獲得諾貝爾獎。我們的左腦職司邏輯、線性及分析性思考；而右腦則控制想像力、創造力及衝動性思考。左右兩半球雖然各司其職，但運作卻相輔相成。

有一次，一位著名的學者參觀紐約市的一所公立高中時，走進一間高三的教室，拿起粉筆，在黑板上畫一個實心的小圓。他問學生：「這是什麼？」百分之九十以上的學生都說那是一個點，其他的學生則說是一個句號。

這位學者在小學三年級學生的教室裡又重複一次這個實驗。結果出現了二十七種不同的答案，從「我爸爸的禿頭」到「上帝的眼睛」都有。

小學三年級和高三學生的答案為什麼出現這麼大的差異？答案就是，左腦過度發展所致。

例如：當我們想到某人時，右腦的運作使我們想到他的臉，左腦則使我們聯想到他的名字。遺憾的是，我們在學校所受的教育，鼓勵的是左腦的活動（例如記誦一些已發生的事實，然後來填寫試卷），較少鼓勵右腦的活動（創意思想等）。結果是，我們的左腦過度發展。

有創意的人已經找到讓右腦脫離左腦控制的方法了。

你是不是曾坐在桌前數小時苦思不得，卻在洗澡或遛狗時靈光一現，想出解答？因為你的心智從邏輯思考的壓力中解放，所以能從反應迅速、充滿藝術氣息的右腦接收到訊息。哈佛大學教育發展中心的研究顯示，要想找到問題的最佳解決答案，你必須做到：

一、改變你的態度

要想創意思考，你首先必須徹底拋棄舊習，拒絕維持現狀。事不分大小，從變換午餐的新花樣到測試公司由來已久的問題解決方案，都可以有變化。換句話說，有創意的人接受風險。不冒一些風險、跌幾次跤，不可能有所進步。

二、需要改變的錯誤態度

諸如：

我們都是這麼做的。

這個要花太多時間。

這個要花太多錢。

那個不屬於我份內的工作。

我們向來不這麼做。

你可能說得對。可是……保持現狀就已經很不錯了。

正確的方法應該怎麼做？

這樣做對嗎？

專家怎麼說？

三、應採取的正確態度

我們試試看這個方法，看看會有什麼結果？得失如何？

我們一直沒有時間好好想一想這項計劃，但總是有時間糾正錯誤。

長遠來看，我們會省多少錢？如來這裡賠了，什麼地方可以再賺回來？

我很高興能有這個機會。

如果我們試著去……結果會如何？

最壞的結果會是什麼？

你說得很對。而且……還有什麼地方可以改善的？

比較好的方法應該怎麼做？

這樣行得通嗎？這是不是最有效的方法？

這件事可能非常有趣。

專家知道什麼？

四、更輕鬆得去思考

拿一張白紙出來，在中間寫上你要思考的主題，圈起來，然後放輕鬆。把心裡閃過的任何點子（不要刻意去想，讓它自然產生），畫到叢集圖上，把每個點子圈起來，再把相關的圈圈連在一起。

♔ 記住：能否創意思考全在於你，不論你認為自己行或不行，都對。

08 培養創造的個性，力爭突破與創新

專家指出：個人憑藉個性特點，可以在創造性勞動中充分施展自己的創造才能，發揮自己的創造力量。瑞士心理學家榮格認為，具備創造的個性的人，在行為中表現出各種相對立的特徵。

霍爾頓表達了這樣的見解：物理學表面上看起來像鐵板一塊，但是在平靜的水面下，卻是兩股相對的潮流在激盪。

平庸的科學家只置身在其中的一股潮流中，解決日常任務；卓越的科學家就不是這樣，他像一個弄潮兒，同兩股潮流互相撞擊激起的波濤相搏擊，做出驚人的壯舉來。

以愛因斯坦為例，他在科學上是一個積極的革新家，同時卻又是一個保守者。他一面一反舊說，創立相對論；一面卻又屢屢提到物理思想的繼承性，不止一次的強調，相對論是自然觀幾百年進化的合乎規律的結果。他的思維以高度抽象著稱，同時卻又崇尚直觀。愛因斯坦的女婿

凱澤爾也深切的感受到岳父的這種性格特徵，他說：「征服和服務，發現和謙遜，決定著這個富有創造性的人的命運。這些力量在愛因斯坦身上從來沒有發生過衝突，而是和諧的起著作用。這使他那統一的品格產生極大的魅力。」

那麼，一個人在日常生活中怎樣培養自己創造的個性特點呢？

一、使自己更勇敢些

任何才幹離開了勇敢，就無法表現出創造性的成分。

對公認的東西表示懷疑，以便除舊布新，需要勇敢；善於想像，提出好像不能達到的目標，然後再努力達到它，不怕自己的見解同大多數人對立，也需要勇敢。

哥白尼說：「人的天職在勇於探索真理。」而科學工作者探索真理需要勇氣和知難而進的進取精神，更需要克服一切艱難險阻的大無畏精神。正如馬克思所說的：「在科學上沒有平坦的大道，只有不畏勞苦沿著陡峭的山路攀登的人，才有希望達到光輝的頂點。」

勇敢的人，具有膽魄和獻身精神。

一位著名物理學家曾經說：「當你老了，你就會變得越來越膽小……因為你一旦有了新思想，會馬上想到一大堆永無止境的爭論，害怕前進。當你年輕力壯的時候，可以到處尋求新的觀念，大膽的面對挑戰。我常常問自己：是否已經丟掉了自己的膽魄？」

二、甘願冒險

平庸的人喜歡按部就班，只是循規蹈矩的工作。有創造才能的人卻敢於提出猜測，哪怕沒有充分的根據，寧肯冒犯錯誤的風險；他們不把自己束縛在一種技藝、一個題材、一門學科或者一種風格中，不怕逾越常規。

三、培養幽默感

有創造才能的人，都對饒有趣味的事物十分敏感。幽默感是十分重要的個性品質，它同聯想的靈活和「思想遊戲」的大膽，幾乎是形影相隨的。

幽默感反映了一種內在的自由，沒有這種自由，就不可能進行創造。這種自由是建立在自信心和自尊心的基礎上的。

四、鍛鍊獨立性

拿破崙曾說過：「我們唯一能控制的便是我們的頭腦，如果我們不控制它的話，別的力量就會來左右它了……」如果自己不能控制自己的頭腦，思想總被其他各種思想干擾、左右的話，這樣的頭腦是沒有價值的。

獨立性無疑是進行創造性活動所必不可少的個性品質。獨立性在愛因斯坦身上表現為一種科學的懷疑態度。他對任何理論都投射懷疑的眼光，用獨立思考去進行審查。他正是由於對傳統的、絕對時空觀的產物「同時性概念」發生懷疑，才走上了創立「狹義相對論」的勝利征程。

具有這樣個性的人，深知自己是在複雜的、捉摸不定的環境中進行創造性活動，因此對已有的觀點做出最後的判斷和對自己的設想作結論，都是十分謹慎的。

五、鍥而不捨的思考。

持之以恆的把注意力集中在某個問題上，是任何創造性活動獲得成功的最重要條件之一。有人問牛頓是怎樣提出他的著名定律的，他回答說：「我只不過是無時無刻不在思考它。」巴甫洛夫也說過：「鍥而不捨的思考是取得重大成就的前提。」

要具有獨創性必須同時有很大的耐心，這需要你堅持不懈的努力，把理想化為行動，這是使理想不致破滅的唯一可行之路。

六、由簡單的構思起步。

日本屈指可數的大財閥石橋正二郎，他的出身，只不過是九州一個偏僻小村「久留來」的一家襪式膠鞋鋪的店主之子。他的飛黃騰達，其根本原因只是在於他「肯動腦筋發明」。

他年輕時的襪式膠鞋共有八號、九號、十號三種規格，價格隨大小而異。有一次他到大阪辦事，乘坐市區公共汽車時，發現車票不問站數多少一律都是五分錢。對此他深有感觸：「怪不得全車只有一個售票員就夠了！」回到家鄉後他在銷售膠鞋時也採用了統一價格，果然生意興隆。

由於實現了單一價格的小小的發明，石橋走上了飛黃騰達之路。後來，他把襪式膠鞋的鞋幫加膠的部位向上延伸一些，以防泥水濕透鞋面。

這個小小發明申請專利後，由於成品非常實用，深受人民歡迎，七年內銷售了兩億雙以上，終於為石橋殷實的大公司奠定了基礎。

石橋先生經常向青年說：「目前我大手大腳的享用，耗費不過是資產的九牛一毛，如果說工作只是為了賺錢以防日後花錢短缺，那麼有了錢以後就不會再去從事辛苦的工作。我之所以仍然辛勤工作，原因在於為發展事業而動腦筋使時間變成財富，不但有意義，而且非常有趣。」

♔ 由簡單的構思起步，不斷的去努力，去探索，去嘗試，你就一定能夠在創新方面有所突破。

09 學會在日常生活中進行創造性思維

創造性思維是一種具有開創意義的思維活動。創造性思維可以從更廣泛的含義上去理解，不僅做出完整的新發現和新發明的思維過程是創造性思維；而且，那些儘管沒有取得最後發現和發明，但在思考的方法和技巧上、在某些局部的結論和見解上具有新奇獨到之處的思維活動，也是創造性思維。

不僅在科學技術領域中那些重大發明和發現過程中存在創造性思維，而且在人們的政治、軍事、經濟決策中和生產教育、藝術活動中，也無不存在創造性思維。

創造性思維一旦成為人們最普遍的活動方式和內容，就標誌著人類的文明程度發生了劃時代的飛躍。

那麼，在日常生活中，我們該如何進行創造性思維呢？

一、注意養成思考的習慣

我們知道，一般人的天資並沒有大的差別，如同馬克思所說：「搬運夫和哲學家之間的原始差別要比家犬和獵犬之間的差別小得多，他們之間的鴻溝是分工掘成的。」

人的思維能力主要是在用腦的實踐中形成與發展的。像體育鍛鍊可以增強人的身體素質一樣，勤於用腦可以使大腦越來越發達，思維能力越來越強。

清代的思想家唐甄說得好：「心，靈物也；不用則長存，小用之則小成，大用之則大成，變用之則至神。」因此，我們要注意養成凡事都要用腦筋想一想、問一個為什麼的習慣，不滿足於對事物的一知半解，不滿足於接受與記誦現成的結論。只有這樣，腦子才能越用越靈。

二、克服從眾心理

恐怕對於每個中國人來說，對於「槍打出頭鳥」、「利刀子先鈍」等「名言」應當很熟悉。中國人的這種中庸之道自古到今都相當盛行。

社會心理學家所羅門·阿希做過這樣一次實驗。

他找來七名大學生坐在一起，請他們判斷兩張卡片上的線段長度。

第一張卡片上畫著一個「標準線段」，其餘的每張卡片上畫著三個線段，其中只有一個線段與「標準線段」長度相等。阿希要求大學生們找出其餘卡片上與「標準線段」長度相等的線段，並且按照座位順序說出自己的答案。

其實，那七位大學生中，只有倒數第二位是蒙在鼓裡的受試者，其餘六位大學生事先已經串通好了，他們的答案保持一致，但三分之二都是錯誤的。以此來測試那位受試者能在多大程度上不受周圍人的影響，堅持自己的正確答案。

實驗的結果是，有三分之一的受試者由於屈服於群體的壓力而說出了錯誤的答案。思維上的「從眾定勢」，使得個人有一種歸宿感和安全感，能夠消除孤單和恐懼等有害心理。

另外，「跟大家意見一致」也是一種比較保險的處世態度。你想，自己跟隨著眾人，如果說的對，做得好，那自然會分得一杯羹；即使說錯了、做得不好也不要緊，無須自己一人承擔責任，況且還有「法不責眾」的說法。

一位日本的著名企業家曾這樣告誡他的兒子：「一項新事業，在十個人當中，有一兩個人贊成就可以開始了；有五個人贊成時，就已經遲了一步；如果有七八個人贊成，那就太晚了。」

當我們面對一些實際問題時，如果一味的從眾，自己不動腦筋，我們就很難獲得成功。

三、努力剔除成見

這是優化思維中很關鍵的一步。它告訴我們，不要戴著有色眼鏡去觀察事物。當一個新的事物闖入人的思維中來時，人們首先總是本能的有所反應，不是喜歡，就是厭煩。然後就帶著自己的感情對問題加以理解。這樣做的後果常常會使人陷入某種困境而不易自拔。

為了能夠避免類似現象發生，一個行之有效的方法是——去掉你的成見。比如，假設我們大家現在都在討論公共汽車的設計問題。有人建議把車廂裡的座位全部去掉。此刻你會有何感想？為什麼有這些感想？

想像一下這樣設計有哪些優缺點，權且當作與會人員所發表的不同見解。用三分鐘的時間把這些優缺點寫下來。

寫完之後，也許你會對你所寫出的大吃一驚，這種設計的優點竟能與缺點數量相當，諸如：造價低廉、容易修理等等，而且，使乘客舒適這樣一條非常重要的條件也許還會被你所忽視。這種剔除成見法的目的，是要使你能夠客觀的認識世界，不要受頭腦中的定勢所左右。

四、大膽胡思亂想

想像力能使常被認為不可能的東西變為現實。拿破崙說過：「想像支配人類。」想像力，這是人的偉大之處。

人的創造範圍完全是由人對自己的想像和認識所決定的。創造力是讓人去「胡思亂想」，想那些常人不敢想的，做常人認為怪異而不敢做的事情。開始時也許是空想，但如果你能全力以赴、持之以恆的為之奮鬥，也許理想會變成現實，這對個人的發展、事業的進取將產生很大的影響。

美國著名心理學專家丹尼爾．高曼說：「要想在事業上有所成就，將以有無創造性思維的力量來論成敗。」而決定創造範圍的想像力就當然也顯得很為重要了。

看過《福爾摩斯探案集》的讀者應該記得福爾摩斯是如何在面對他所遇到的一件件稀奇古怪的案件時施展他的想像力的。

他往往是根據他經過仔細觀察後得到的線索來進行想像，有很多想像是常人所不能想到的，然而福爾摩斯卻突破常規，大膽進行想像，最後根據想像進行追查，出人意料的破案。

福爾摩斯在總結他的破案經驗時曾對華生說過，蘇格蘭場的警察們有時老破不了案，其中很重要的就是因為他們缺少想像力。福爾摩斯的破案方法，至今仍然是許多警察學校的必修內容。

比如，如果我們看到七條菜青蟲捲曲身子從斜面滾下去，普通的聯想頂多認為菜青蟲找到了一個很好的逃避的方式；但放開一步聯想，我們很快就能想到輪子，再放開一步，也許我們會聯想到人類可以利用一個球形的充氣囊從懸崖上往下跳；如果做無限制的聯想，我們甚至可以去想菜青蟲滾動的軌跡可能與某一個行星的公轉軌跡相似，或者氣候的變遷使得菜青蟲採取了這種姿式的捲曲與滾動。當然，想像力可以無邊無垠，但最終都要回到正在學習的內容或正待解決的問題上來。

當愛因斯坦思考相對論時，他正在做著白日夢，幻想著自己正騎在一束光上，做著太空旅行，然後思考：如果這時在出發地有一座鐘，從我坐的位置看，它的時間會怎樣流逝呢？這樣做並不複雜，我們何不也嘗試著做一做呢？

♔ 需要記住的是，無論你的想像多麼荒誕或不可理喻，如果有助於解決問題或者使你產生絕妙的創意，那麼你就是採取了正確的做法。

10 放棄對錯誤的恐懼，大膽的去嘗試

一個人如果在思想上和行動上都具有獨創的和革新的精神，那他就必須放棄怕犯錯誤的想法。一個具有巨大能力來提出多種可能性，並能自由的表現自己熱情的關懷這些可能性的人，對於所犯錯誤一定表現得大度。因害怕錯誤而縮手縮腳的人，常常會錯失許多很好的機會。

小張到美國學習兩年，順利的拿到碩士學位，隨即應徵到一份相當不錯的工作。

公司的業務蒸蒸日上，正在迅速的拓展版圖，工作環境好，報酬佳，而陞遷的機會尤多。以前擔任小張同一職位的兩位美國人都已先後加俸晉級，獨當一面去了。作為一名留學生，在異國異鄉能謀得這樣好的差事，真是上天保佑，哪還能不兢兢業業，萬事小心？一年很快過去了，所幸天下太平，無差無錯。

年終老闆召見，小張心中不由漾起希望：「被提拔的二位同仁，做

滿一年，或多或少，總是犯了幾件錯，而我……」推開門，老闆的笑容顯得分外親切。

小張遵囑側身危坐，聽候佳音。

「張先生，你這一年的工作情形很好……」老闆瞄了下桌上的人事卷，頓了頓，調整一下語氣：「不過公司要緊縮人事，這是件很不得已的事，想必你能諒解。依照規定，你可以領三個月的遣散費。相信你很快就會找到更好的工作。」

小張被這突如其來的震撼嚇呆了，不知所措，還疑惑自己是不是聽錯了話。他停了好一陣，壯著膽，反問：「您的意思是說我被炒魷魚了？犯了錯？還是……」小張的語氣不由得激動起來：「還是因為我是中國人，就被歧視？」

「歧視」在強調保障工作機會平等的美國社會，是一項嚴重的控訴，老闆不得不重視這個問題。

「張先生，不要激動。公司從幾百封應徵函裡選中了你，可以知道對於你們中國人絕沒有一點歧視的意思。你確實沒有犯什麼過錯。但事實上，就是因為沒有犯錯，公司才這麼做。你知道公司正在大力的拓展業務，亟需要獨當一面、創業立業的人才。公司對於你的訓練、你的學識都算滿意，但是對於你做事的方式不能接受。」

「我們都知道，人就是人，不是神。人都不能免於犯錯。不犯錯的只有兩種人：一種人不做不錯，只知道在現成的路上跟著別人走，有錯也讓別人犯。這種人或許不會犯錯，但也不會從嘗試、錯誤中進步。另一種人不是不犯錯，而是犯了錯，隱藏矇混得好，甚至強說那不是錯……不管是哪一種『不犯錯的人』，都不是公司所需要的。」

斯堪的納維亞航空公司的總裁揚．卡爾松告訴他的職員：「我希望你們犯錯誤。我知道你們很優秀，每一次錯誤都伴隨你們做出的二十個或三十個優秀的決定，它們將會帶給你們和我們公司美好的未來。」

凡人都會犯錯誤。不管你怎麼提前考慮遇到的問題，不管你多麼有準備，你仍然會犯錯誤。如果你在從事諸如迎接挑戰或者為一個棘手的問題尋求解決方法這些事情，你也會犯錯誤。沒有人在學走路的時候不跌倒，沒有人一直做出沒有一點錯誤的決定。

康柏電腦公司的銷售副總裁曾經有一次告訴記者，在他面試未來的銷售人員時，他會詢問他們失敗過的事件。「當有人告訴我他從來沒有失敗過，我只能推斷出他要不是在撒謊，要不就是從來沒有做過銷售工作。」懶惰會造成錯誤，可是積極的行動也會造成一樣多的錯誤，真正的錯誤是拖延和耽誤。

這樣的例子包括當你應該購買股票的時候，你卻不願意，也包括不能堅決抵制怯懦的想法，而這個時候大家都在看著你呢！等待是為什麼呢？因為你不願意從事那些不能使你得到提升的事情。

當你想知道為什麼是別人被提升了，你卻沒有的時候，很可能得到這樣的回答：「他們樂於從事各種事情，而你卻站在界外觀望。」你也許會從錯誤中學到更多的東西，甚至多於從成功中學到的東西。一旦接受了錯誤的現實，你將會更加願意去嘗試那些容易犯錯的事情。

網球新手都是這樣做的，他們嘗試著擊球，卻把球擊到了網上。以後，他們將會在大腦裡面重新審視擊球中的那些基本要領，看看哪些方面出了問題，然後做必要的調整，再嘗試一遍一遍的擊球，直到變得無懈可擊。與那些僅僅滿足於把球打過網的人相比較，他們顯得優秀得多。

如果你不犯錯誤，你也不會成長和得到學習。或者就像一個總裁說的：「如果你不犯錯誤，那你也不能做出任何決定，你也就不值得提升。」許多優秀人士承認，錯誤是學習過程中自然和必要的部分。他們中的許多人沒有採取傳統中對錯誤恐懼的態度，而是鼓勵和期待他們的手下做出帶來錯誤的決定。

湯姆．彼得斯對「錯誤」一詞進行了這樣的闡述：「變革的精髓就是對失敗的追求，一個人嘗試不同事物的能力，從來不擔心會犯錯誤的心理狀態。所有偉大的領導者具有的，也是我們需要的，就是：試驗，變革，敢想、敢做。你們不能沒有革新精神，也不能不犯錯誤。」

♛ 在這個變化的、不可預料的世界上，不犯足夠多的錯誤才會讓你升職擱淺，還會非常明顯的讓你處於不利境地。

Part 4

做人處世既要敢於擔當，又要善於擺脫

做人處世的技巧很重要，這一點已被越來越多的人認識到，問題是如何才能提高做人處世的水準，使其成為幫助自己成功的助力？主要祕訣就在於取捨之道：取什麼、捨什麼？

古人云：「宇宙內事，要擔當，又要善擺脫。不擔當，則無經世之偉業；不擺脫，則無出世之襟期。」不管時代的潮流和社會的風尚怎樣，人總可以憑著自己高貴的品質，超脫時代和社會，走自己正確的道路。

生活是欺騙不了的，一個人要生活得光明磊落。自以為聰明的人往往是沒有多大建樹的。世界上最聰明的人是最老實的人，因為只有老實人才能禁得起事實和歷史的考驗。

01 安貧樂道的人才堪稱君子

古人說：君子安貧樂道，達觀知命。如孟子所說：雖然「無恆產」，但「有恆心」，所以能夠安守窮困，「貧賤不能移」。小人既「無恆產」，又「無恆心」，所以，一旦窮困，就會喪失氣節，放棄做人的基本準則！

自古雄才多磨難。松下幸之助說：「逆境給人寶貴的磨練機會。只有禁得起環境考驗的人，才能算是真正的強者。自古以來的偉人，大多是抱著不屈不撓的精神，從逆境中掙扎奮鬥過來的。」面對困境，有品德的人總是能夠固守崇高的節操，他們也因此而受到世人的景仰，著名作家朱自清就為我們樹立了光輝的典範。

朱自清一生過著淡泊清苦的生活。早年，母親含辛茹苦供他求學，他讀大學的學費，是他的夫人賣了金首飾貼補的。在中學教書時，他的穿衣打扮，完全像個鄉巴佬。到清華大學任教後，情況有所改善，但因子女多，花銷重，他的生活仍不富餘。抗戰期間，他的日子更艱難，所穿的衣服幾乎不成樣子。一九四二年冬，昆明異常寒冷，他既沒有大衣，也沒有錢縫製棉袍，只好買了一件趕馬人披的氈披風，出門時披在身上，睡覺時當被子蓋。每天早晨，他就披著這件披風從所住的鄉下趕到學校去上課。樣子太別緻，引起街上許多人注意，但他昂首闊步，自有風趣。在不少當年聯大學子的回憶中，朱自清教授身上的這件披風，成為聯大的一道風景線。

使人高貴的是人的品德。一個人要想獲得成功，最重要的就是品德。貧賤不移，威武不屈，堅忍不拔等品質都是我們應該追求的美德。在《論語》中，有這樣一句話：「士志於道，而恥惡衣惡食者，未足與議也。」意思是：士人立志於仁義之道，卻對粗糙的衣食引以為恥，和他談論就沒有價值了。也就是說既然「志於道」，而仍然在乎吃穿，就難免成為假道學。超越富貴的誘惑，甘守清貧，對於「志於道」的人來說是應該做到的。

富貴功名是人們都想要的東西，但是如何得到，有一定的規則。用現代的話說，就是競爭必須有一定的遊戲規則。按照正確的規則得到了富貴功名，那就心安理得的承當；如果沒有按照遊戲規則，利用旁門歪道得之，那就不應該接受。

同樣，貧窮卑賤是人們不想得到的東西，但擺脫貧賤也有一定的規則，利用這些規則擺脫貧困的就是正道，否則就是歪門邪道，不符合社會的公平原則，真正的君子就不會走歪門邪道。

安貧樂道的人，雖然沒有富翁的闊綽，但不以祈求他人為生，也能修身齊家、追求上善若水的人生境界。

♔

安貧思想的本質是克服了人性的弱點——貪婪；安貧觀念的動機是消除了世俗的癡迷——攀比；安貧理念的特徵是拋棄了庸俗的行為——虛榮；安貧的思路是淘汰了生活的臆念——幻想。因此，一個安貧樂道的人一定是一個瀟灑的人、自由的人、值得尊敬的人。

02 寧可捨棄物質利益也要堅決守信

在許下了對自己不利的諾言之後，能夠做到言而有信不撒謊、不找藉口是很難的，真的這樣做的人，就往往會被同儕視為「不夠精明」。但是「誠實守信」的品德有時恰恰能夠幫助一個人成就事業。

一個晴朗的早晨，曾子的妻子梳洗完畢，換上一身乾淨整潔的藍布新衣，準備去集市買一些東西。她出了家門沒走多遠，兒子就哭喊著從身後追了上來，吵著鬧著要跟去。孩子不大，集市離家又遠，帶著他很不方便。因此曾子的妻子對兒子說：「你回去在家等著，我買了東西一會兒就回來。你不是愛吃醬汁燒的蹄子、豬腸燉的湯嗎？我回來以後殺了豬就給你做。」她兒子一聽，立即安靜下來，乖乖的望著媽媽一個人遠去。

曾子的妻子從集市回來時，還沒跨進家門就聽見院子裡捉豬的聲音。她進門一看，原來是曾子正準備殺豬給兒子做好吃的東西。她急忙上前攔住丈夫，說道：「家裡只養了這幾頭豬，都是逢年過節時才殺的。你怎麼拿我哄孩子的話當真呢？」

曾子說：「在小孩面前是不能撒謊的。他們年幼無知，經常從父母那裡學習知識，聽取教誨。如果我們現在說一些欺騙他的話，等於是教他今後去欺騙別人。雖然做母親的能一時哄得過孩子，但是過後他知道受了騙，就不會再相信媽媽的話。這樣一來，你就很難再教育好自己的孩子了。」

曾子的妻子覺得丈夫的話很有道理，於是心悅誠服的幫助曾子殺豬去毛、剔骨切肉。沒過多久，曾子的妻子就為兒子做好了一頓豐盛的晚餐。

曾子用言行告訴人們，為了做好一件事，哪怕對孩子，也應言而有信，誠實無詐，身教重於言教。如果說曾子只是捨棄了一頭豬，尚不足以讓人感動得流淚的話，下面的這個寧可捨棄生命而絕不食言的故事，就不能不令人為之動容了。

古時候，有兩位書生在赴京趕考途中相遇，一見如故。不巧，甲書生突然病倒，乙書生就留下來照顧他。

眼看考期臨近，甲書生擔心乙書生誤了考期，勸他趕快上路。乙書生不肯，說：「捨棄朋友而追名逐利，非君子之所為也。」於是，繼續在病榻前服侍甲書生，端湯送水，煎藥餵飯，無微不至。及至病癒，考期已過。甲書生深受感動，相約明年端午節請乙書生務必到家中一聚，乙書生慨然應許，不見不散。

第二年五月初五，甲書生殺豬宰羊，備下盛宴，專等乙書生的到來。可是從早等到晚上也沒見乙書生的身影，不免失望。

這天夜裡，甲書生忽見乙書生大汗淋漓而至，說：「兄長，實在對不起，因瑣事繁雜，竟忘了約定，突然想起已遲了，無論如何趕不到兄長處。聽說鬼魂行路極快，就自盡作一縷幽魂來見兄長，幸好如期而至，沒有負約。」甲書生聽罷大驚，繼而大哭，心想，兄弟已死，從此陰陽相隔，活著還有什麼意思？心一橫，也自殺身亡，與乙書生相聚去了。

為了實踐一個約定——在今天的人來說毫無法律效力的口頭約定，寧可捨棄生命也絕不食言，可見古人把誠信看得何等神聖，神聖得令「萬能」的金錢也黯然失色。不僅是在日常生活中，即使在處理國家大事上，聰明的政治家也會盡量做到誠實守信。

春秋戰國時，晉文公在外流亡，曾經受到楚成王的熱情招待。他非常感激，表示日後如果晉國和楚國的軍隊要打仗，晉軍情願退避三舍（九十里）地作為報答。

誰料當初隨意一言，多年之後倒真成現實的考驗。西元前六三三年，因為宋國背楚聯晉，楚國派軍隊攻打晉國。楚軍已經擺開了陣勢，兩軍相遇後，晉文公突然想到早年許諾，於是命令晉國軍隊先退卻三十里，楚國的統帥子玉乘勝追擊。晉國軍官紛紛請求說：「以國君您的地位，卻迴避楚軍的一個小小將領，這是恥辱。再說楚國軍隊已經被打得疲勞不堪了，必然要失敗。為什麼要退卻呢？」

晉大夫子犯說：「各位忘記了國君在楚國時受到的好處嗎？我聽說，在戰鬥中，有理士氣就高漲飽滿，軍隊就壯盛；無理士氣就會低落，軍隊就容易疲憊。如果我方做到以國君迴避君子，它還不撤退，那楚軍也就理虧了。到那時我們再攻打它，也合乎道義。」於是晉軍連退九十里，

「三舍」已畢，楚國其他將帥打算停止進攻，子玉不同意，一直逼到城濮，於是爆發著名的城濮之戰，楚軍大敗。

晉軍以弱勝強，因素固然很多，晉文公善於運用道義感召顯然是最高明的一著。

還有一事也可佐證守信的威力。

一次，晉文公攻打原國，與士兵約定七天為期。過了七天，原國還不投降，文公命令撤退。謀士們說：「原國就要投降了。」軍官們也都請求等待一下。文公說：「信用是國家的珍寶。得到原國失掉珍寶，我不這樣做。」還是命令軍隊離開了原國。

第二年，晉文公又率領軍隊攻打原國，與士兵約定一定得到原國然後才返回。原國人聽到這個約定，於是就投降了。衛國人聽到這件事，認為文公的信用真是達到極點了，也歸順了文公。

晉文公後來能夠稱霸諸侯，看來並不是偶然的。

♔ 即使在非常的情況下，聰明的人也會恪守誠信之道，這樣的人世世代代都會贏得人們的敬仰。誠實信用是無價的，無論何種情況下，我們都不能放棄這一做人的根本。

03 即使是為了「真誠」也不應該傷害別人

真誠的核心和靈魂是利他，也就是與人為善。如果對別人來說，「謊話」更適宜和容易接受，又不會傷害任何人的利益，我們不妨放棄對「完全誠實」的固執；但在任何時候，都絕不能為了個人利益而放棄誠實。

這一天，蘇格拉底像平常一樣，來到熱鬧的雅典市場上。他一把拉住一個過路人說道：「對不起！我有一個問題弄不明白，向您請教。人人都說要做一個有道德的人，但道德究竟是什麼？」

那人回答說：「忠誠老實，不欺騙別人，才是有道德的。」

蘇格拉底裝作不懂的樣子又問：「但為什麼和敵人作戰時，我軍將領卻千方百計的去欺騙敵人呢？」

那人說：「欺騙敵人是符合道德的，但欺騙自己人就不道德了。」

蘇格拉底反駁道：「當我軍被敵軍包圍時，為了鼓舞士氣，將領就欺騙士兵說，我們的援軍已經到了，大家奮力突圍出去。結果突圍果然成功了。這種欺騙也不道德嗎？」

那人說：「那是戰爭中出於無奈才這樣做的，日常生活中這樣做是不道德的。」

蘇格拉底又追問：「假如你的兒子生病了，又不肯吃藥，作為父親，你欺騙他說，這不是藥，而是一種很好吃的東西，這也不道德嗎？」

那人只好承認：「這種欺騙也是符合道德的。」

蘇格拉底並不滿足，又問道：「不騙人是道德的，騙人也可以說是道德的。那就是說，道德不能用騙不騙人來說明。究竟用什麼來說明它呢？還是請您告訴我吧！」

那人想了想，說：「不知道道德就不能做到道德，知道了道德才能做到道德。」

蘇格拉底這才滿意的笑了，拉著那個人的手說：「您真是一個偉大的哲學家，您告訴了我關於道德的知識，使我弄明白一個長期困惑不解的問題，我衷心的感謝您！」

真誠的最低要求是不說謊，不欺騙對方。但在複雜的社會和人生中，目的和手段要有一定的區別。醫生為了減輕病人的痛苦，以利於治病救人，往往向病人隱瞞病情，編造一套謊話給病人，這樣才能有助於使病人早日康復。個人行為的一個基本規律是趨利而避害。可以設想，如果你對人總是以誠相待，直言不諱，人們會因此認定你是一個值得信賴的好人，所以樂於與你深交，並在人前人後誇讚你，你也會因此感到快樂和自豪。也就是說，你的真誠為自己贏得了報償，帶來了利處，那麼你又何樂而不為呢？

如果情況與此大相逕庭，比如，你認為同事的衣服難看，便馬上對她說：「腿短又粗的人不適合穿這種裙子。」結果，同事臉一沉，轉頭便走，留下你一個人發愣。或者，如果你當著上司的面指點同事說：「你的文件裡錯別字很多，以後要仔細些。」實話固然是實話，但能不傷人嗎？倘若如此，你恐怕也會很快意識到自己的真誠並不那麼受人歡迎，既然這樣，又何苦呢？那麼，怎麼做才會既表達出我們的真實感受，又不傷害別人呢？只須把握住以下兩點即可：

♠真誠並不等於不假思索的將自己的感覺說出來，因為你的感覺是否正確尚是一個需要判斷的問題。在日常生活中，人們對事物的看法都是見仁見智，本無所謂對錯。比如個人的衣食住行、穿衣戴帽、興趣愛好等等。許多自詡為「有話直說」、「想到什麼說什麼」、「心直口快」的人，其實是簡單的用自己的觀念和習慣去衡量別人的態度與行為，一遇到不對自己胃口的事立刻就去指責別人，實際上這並不是對他人善意的真誠，只是自我不悅情緒的隨意宣洩。

♠真誠並不等於不加修飾的說出自己的想法。俗話說：「不看你說了什麼，只看你怎麼說的。」同樣一個意思，不同的人有不同的說法，不同的說法有不同的效果。與人交流時，不要以為內心真誠便可以不拘言語，我們還要學會委婉的表達自己的想法。一句話到底應該怎麼說，其實很簡單，你只要設身處地從他人的角度想想。

♔

人際交往中的真誠不等於雙方毫無保留的相互袒露，它要求我們本著善意和理性，把真正有益於對方的東西繫上美麗的紅絲帶送給對方。

04 辦不了或辦不好的事就不要去做

拿破崙說：「我從不輕易承諾，因為承諾會變成不可自拔的錯誤。」在生活中，一貫抱著「自掃門前雪」的態度固然不好，但愛管閒事也容易落得「內外不是人」。所謂「管閒事」，就是管了別人不需要你管的事。中國有句古話說：「各人自掃門前雪，哪管他人瓦上霜。」剔除千百年來人們加給它的種種自私自利的解釋後，實際上倒是讓人比較容易瞭解人際關係應對的微妙之處的。

管所當管與「管閒事」之間，的確只有一步之遙。在我們的生活中，有許多人是被盲目的「熱情」所驅，根本不知道他們該管什麼，不該管什麼，他們的「熱情」便常常為人們所避之而唯恐不及。

以下是一個例子：

李太太交際非常廣，性格好動外向，為人熱情開朗，可是口碑卻不大好，因為她熱衷於為他人的感情之事費盡心力的做調解。

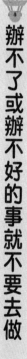

平時，李太太一聽說朋友圈中有哪兩個感情陷入僵局甚或亮起紅燈，往往不請自來，自願到人家那裡充當說客。弄得人家理她不是，不理她也不是，結局總是不歡而散。

這就叫「好心幫了倒忙」，而且在其間容易被人利用。

在這個世界上，我們畢竟不能獨來獨往，做自己的事情時，有時要涉及到別人的利益。因此，我們在處理事情的過程中，必須全盤衡量，把握分寸，協調好各方面的利害關係，在爭取我們自己利益的同時，絕不能傷害他人。

有些事情，不該辦時就不能辦；一旦辦了，可能就違法、違情、違理，使自己或別人遭受名譽、經濟或地位的損害。當有人違背你的人格信念而託你辦事時，你也絕不能貪圖一時之利，而不負責任的答應他，縱容他，一定要慎重考慮可能引起的後果。如果有人想整治別人，編造假的事實，求你出面作偽證，或者有人想讓你跟他一起做違法亂紀的事情，而你不想與其同流合污，就應有勇氣拒絕這類無理的要求。

另外，有人請你代其完成工作時，如你的同事把自己份內的工作往你身上推，此類情況，都應拒絕。因為，形形色色的人們在社會舞台上都扮演了不同的角色，每一個人都有自己的責任和義務。既然承擔了某種社會責任或契約，就應該踐約。如果當他們不能完成任務時，你也為他們去分擔責任，那你是明幫暗害他們，因為那樣做束縛了他們的自信心，助長了他們的依賴性。當你經過深思熟慮，知道答應對方的要求將會給你或他帶來傷害時，那麼，就應該拒絕，而不要為了面子問題，做出違心的事來，結果對雙方都無好處。記住：辦不了或辦不好的事就不值得去做，就一定要設法推辭。

一些交情不錯的朋友託我們辦事時，我們為了保全自己的面子，或為給對方一個台階，往往對對方提出的一些要求，不假思索的接受。但不少事情並不是你想辦就能辦到的，有時受各種條件、能力的限制，一些事是很可能辦不成的。因此，當朋友提出託你辦事的要求時，你首先得考慮，這事你是否有能力辦成，如果辦不成，你就該誠實的說：「我不行。」隨便誇下海口或礙於情面答應，不僅事情辦不成，最後還會傷了彼此的感情。

當然，拒絕別人的要求也的確是件不容易的事。日本一所「說話技巧大學」的一位教授說：「央求人固然是一件難事，而當別人央求你，你又不得不拒絕的時候，也是令人頭痛萬分的。因為，每一個人都有自尊心，希望得到別人的重視，同時我們也不希望別人不愉快，因此，也就難以說出拒絕的話。」

的確，在承諾與拒絕兩者之間，承諾容易而拒絕困難，這是誰都有過的經驗。有人來託你辦一件事，這人必有計劃而來，最低限度，他已準備好怎樣說。在這方面，你卻一點準備都沒有，所以，他可說是穩佔上風的。

他請託的事，可為或不可為，或者是介乎兩者之間，你的答覆是怎樣呢？許多人都會採取拖的手法。「讓我想想看，好嗎？」這話常常會被運用。

但有些時候，許多人會作一種不自覺的承諾，所謂「不自覺的承諾」，就是「自己本來並未答允，但在別人看來，你已有了承諾」。這種現象，是由於每一個人都有怕「難為情」的心理，拒絕屬於難為情之類，能夠避免就更好。

♔大多數人都喜歡「言出必行」的人，卻很少有人會用寬宏的尺度去諒解你不能履行某一件事的原因。

05 多看朋友的長處，少看對方的弱點

睜一隻眼，就要多看到對方的長處；閉一隻眼，就是少看到對方的弱點。只有這樣，才是聰明者應持的態度，你才能享受到交友的樂趣。即使在朋友犯錯誤，甚至傷害了你的時候，也要盡量對朋友抱持寬容的態度。

一個人要贏得友誼，就要多看到對方的優點和長處。其實，每一個人都有長處，問題是在於如何發現。比如某人事業上很有才氣，但生活處世能力卻很差，那麼，如果擇其長處學習，你就會和對方建立友誼，相處和睦。相反，你睜開兩眼看對方，要求對方什麼都好，那麼，最終是你失去友誼和失去朋友。

閉一隻眼看朋友是一種寬容的處世之道。比如，你的朋友過去曾失足過，或者至今仍有某些缺點，你與他相處，不妨迴避對方的傷疤，忘記他的過去，尊重他的今天，寄希望於他的明天。那麼，你交朋友的視

野就更為寬廣，絕不會因斤斤計較著某個朋友的過去而與對方不能相處。又比如，某人從前曾冒犯你，或做了對不起你的某件事，如果他已承認了錯誤，你也不妨閉上一隻眼，讓昨日的誤會與衝突隨歲月而流逝，這自然不是無緣無故的寬恕，而是一種風度，同時讓對方認識你有不凡的胸襟與風度。

世界上本來就沒有完美無缺的人，如果你睜大雙眼看對方，總可以發現對方有許多弱點；如果以這種尺度去尋找朋友，你就會對生活充滿了失望。你的過分挑剔以及過分苛求，最終可能使你連一個朋友也找不到；或者說你的朋友，因為你過分睜大雙眼，而對你敬而遠之，遠而避之，直至退避三舍。我們不必把對方的過去洞察得完全透明化，你只要認為對方是一個真誠的人，即使他有某些與你格格不入的嗜好或其他你所不喜歡的東西，你也不必大肆追究。

在日常生活中，難免會發生這樣的事：親密無間的朋友，無意或有意做了傷害你的事，你是寬容他，還是從此分手，或伺機報復？有句話叫「以牙還牙」，分手或報復似乎更符合人的本能心理。但這樣做了，怨會越結越深，仇會越積越多，真是「怨怨相報何時了」。如果你在切膚之痛後，採取別人難以想像的態度，寬容對方，表現出別人難以達到的襟懷，你的形象瞬時就會高大起來；你的寬宏大量、光明磊落使你的精神達到了一個新的境界，你的人格散發出高尚的光彩。

寬容，作為一種美德受到了人們的推崇，作為一種人際交往的心理因素也越來越受到人們的重視和青睞。寬容是解除疙瘩的最佳良藥，寬廣的胸襟是交友的上乘之道，寬容能使你贏得朋友和友誼。

一般人總認為，做了錯事得到報應才算公平。但英國詩人濟慈說：「人們應該彼此容忍，每個人都有缺點，在他最薄弱的方面，每個人都能被切割搗碎。」每個人都有弱點與缺陷，都可能犯下這樣那樣的錯誤。作為肇事者要竭力避免傷害他人，但作為當事人要以博大胸懷寬容對方，避免怨恨消極情緒的產生，消除人為的緊張，癒合身心的創傷。

美國第三任總統傑佛遜與第二任總統亞當斯從交惡到寬恕就是一個生動的例子。傑佛遜在就任前夕到白宮去，想告訴亞當斯說，他希望針鋒相對的競選活動並沒有破壞他們之間的友誼。但據說傑佛遜還來不及開口，亞當斯便咆哮道：「是你把我趕走的！是你把我趕走的！」

從此兩人互不交談達數年之久，直到後來傑佛遜的幾個鄰居去探訪亞當斯，這個堅強的老人仍在訴說那件難堪的事，但接著衝口說出：「我一直都喜歡傑佛遜，現在仍然喜歡他。」鄰居把這話傳給了傑佛遜，傑佛遜便請了一個彼此皆熟悉的朋友傳話，讓亞當斯也知道他的深重友情。後來，亞當斯回了一封信給他，兩人從此開始了美國歷史上最偉大的書信往來。這個例子告訴我們，寬容是一種多麼可貴的精神，高尚的人格。

寬容意味理解和通融，是融合人際關係的催化劑，是友誼之橋的緊固劑。寬容還能將敵意化為友誼。

戴爾・卡內基在電台上介紹《小婦人》的作者時心不在焉的說錯了地理位置。其中一位聽眾就氣沖沖的寫信來罵他，把他罵得體無完膚。他當時真想回信告訴她：「我把區域位置說錯了，但從來沒有見過像妳這麼粗魯無禮的女人。」但他控制了自己，沒有向她回擊，他鼓勵自己將敵意化為友誼。他自問：「如果我是她的話，可能也會像她一樣憤怒吧？」他盡量站在她的立場上來思索這件事情。

他打了個電話給她，再三向她承認錯誤並表達歉意。這位太太終於表示了對他的敬佩，希望能與他進一步深交。

寬容具有這樣巨大的力量，我們怎樣培養這種寬容的性格特點，去理解別人呢？

一、對傷害了自己的人表示友好

寬容是一種博大，是一種境界，是一種優良的人格表現，對曾經有意無意傷害過自己的人要有寬容的精神。這樣做雖然困難，但更能反映出你的寬大胸懷和雍容大度。用你的體諒、關懷、寬容對待曾經傷害過你的人，使他感受到你的真誠和溫暖。

也許有人會說，寬容別人是否證明自己放棄原則，太軟弱了？其實寬容是堅強的表現，是思想的昇華。

二、容忍並接受他人的觀點

人們都希望和那些懂得容忍自己的人相處，而不希望和那些時刻要對自己說三道四、挑三揀四的人待在一起。布林圭說，專門找別人的錯誤，動輒教訓別人的「批評家」不會有什麼朋友。

另外，根據自己所確立的倫理和宗教方面的嚴格標準去要求別人投自己所好的人，誰見了都會退避三舍；而那些能容忍和喜歡別人以本來面目出現的人們，往往具有感動人和促使人積極向上的力量。當你想和朋友友好相處時要尊重對方的人格和優點，容忍對方的弱點和缺陷，切莫試圖去指責或改變對方。

三、發現和承認他人的價值

容忍他人的不足和缺陷比較容易，而困難的是發現和承認他人的價值，這是一種更為積極的人生態度。每個人只要樂於尋找，一定能找出他人身上許許多多優點和長處，能發現和承認他人的長處，那就實現了人生價值的全部意義。

♔ 只有既能容人之短，又能容人之長，才更顯出胸懷的寬闊、人格的高尚。

06 在生活中要努力避免爭執或爭論

許多知名的成功人士都指出：「不論對方聰明才智如何，你不可能靠辯論改變任何人的想法。從爭論中獲勝的唯一祕訣是避免爭論。」請自己衡量一下，是要口頭上的、表面的勝利，還是要別人對你的真正好感？

林肯有一次斥責一位和同事發生激烈爭吵的青年軍官。他說：「任何決心想有所作為的人，絕不肯在私人爭執上耗費時間。在跟別人正誤參半的問題上，你要多讓一點步；如果你確實是對的，就少讓一點步。總之，不能失去自制。與其跟狗爭道，被牠咬一口，不如讓牠先走。就算宰了牠，也治不好你的咬傷。」

那麼，在生活中，怎樣才能避免爭執或爭論呢？下面幾點建議值得借鑒：

♠ 歡迎不同的意見。要記住這一句話：「當兩個人意見總是不同的時候，其中之一就不需要了。」如果有些地方你沒有想到，而有人提出來的話，你就應該衷心感謝。不同的意見是你避免重大錯誤的最好機會。

♠不要相信你直覺的印象。當有人提出不同意見的時候，你第一個自然的反應是自衛。你要慎重，保持平靜，並且小心你的直覺反應。這可能是你最差勁的地方，而不是最好的地方。

♠控制你的脾氣。記住，你可以根據一個人在什麼情況下發脾氣的情形來測定這個人的度量和成就究竟有多大。

♠先聽為上，讓你的反對者有說話的機會。讓他們把話說完，不要抗拒、防護或爭辯。否則的話，只會增加彼此溝通的障礙。努力建立瞭解的橋梁，不要再加深誤解。

♠尋找同意的地方。在你聽完了反對者的話以後，首先去想你同意的意見。

♠要誠實承認你的錯誤，並且老實的說出來。為你的錯誤道歉，這樣可以有助於解除反對者的武裝和減少他們的防衛。

♠同意仔細考慮反對者的意見，同意出於真心。你的反對者提出的意見可能是對的，在這時，同意考慮他們的意見是比較明智的做法。如果等到反對者對你說：「我們早就告訴你了，可是你就是不聽。」那你就難堪了。

♠為反對者關心你的事情而真誠的感謝他們。任何肯花時間表達不同意見的人，必然和你一樣對同一件事情感到關心。把他們當作要幫助你的人，或許就可以把你的反對者轉變為你的朋友。

♠延緩採取行動，讓雙方都有時間把問題考慮清楚。建議當天稍後或第二天再舉行會議，這樣所有的狀況才可能都考慮到了。

在準備舉行下一次會議的時候，要問問自己：「反對者的意見，可不可能是對的？還是有部分是對的？他們的立場或理由是不是有道理？我的反應到底在減輕問題或只不過是在減輕一些挫折感而已？我的反應會使我的反對者遠離我還是親近我？我的反應會不會提高別人對我的評價？我將會勝利還是失敗？如果我勝利了，我將要付出什麼樣的代價？如果我不說話，不同的意見就會消失嗎？這個難題會不會是我的一次機會？」

♔ 真正贏得勝利的方法不是爭論。爭論要不得，甚至連最不露痕跡的爭論也要不得。如果你老是抬槓、反駁，即使偶爾獲得勝利，都將永遠得不到對方的好感。

07 認真低調，抱持謙虛的學習態度

在工作中，我們不但要認真仔細，更應該謙虛謹慎，懂得向資深的同事學習，這樣才會達到事半功倍的效果。在現代職場，沒有多少人會看重你的知識，人們看中的是你用這些知識解決實際問題的能力。學歷並不代表實力，知識也不能代表能力。

恃才傲物的人，憑借自己積累的知識及才氣就蔑視世間的一切。他們總認為自己比別人聰明，因此常常固執己見，聽不進別人的勸告，一意孤行；往往又容易發怒、脾氣暴躁。雖然他們發洩出了自己心中的怨恨和憤怒，但是，發洩往往會使人失去理智思考的機會，因而失去解決矛盾和衝突的時機。一時衝動的憤怒和發脾氣，造成的損失往往是難以彌補的。

恃才傲物的人拒絕廣納雅言，既聽不進別人的意見，也不能正視別人的批評。他們一味的按自己的想法去做，從不理會別人，久而久之，

就會被孤立。這樣，他們就失去了和同事交流的機會，也沒有辦法從別人那裡學到更好的方法，更得不到別人的幫助，這樣無疑是將自己置於一個荒無人煙的境地，荒涼失落，孤獨無助，嚴重阻礙自己的發展前途！

小羅是一個精明能幹的公司職員，他很早就開始工作，博覽群書，學識淵博，在大家眼中是個公認的人才。可是，他常常恃才自傲，動輒與人發生糾紛，平時又極愛炫耀自己，同事們對他極為反感，認為他自以為是，過於固執。

有一次，他奉調前往某科，剛到那裡時，還比較服從管理，工作認真負責，業績也很不錯，很快就登上了主任的寶座。這時，他有點目空一切了，經常嘲諷自己的上司，認為自己的科長沒有什麼能力，思想僵化，不懂得創新。

還有一次，他認為一項工作流程應該改進，就向科長表達了自己的看法，但沒有受到重視，科長反而認為他多管閒事。他一氣之下就私自違反工作流程，按自己的想法工作。科長發現之後責備了他，可他對科長的批評置若罔聞，不但不改，反而認為科長有私心，並與科長鬧僵了。

他認為像自己這樣才華橫溢的人得不到重用真是冤枉，所以出言傷人，絲毫不肯退讓。結果可想而知，這個科長向上級告狀，說他恃才傲物，不服管制，不久，他就被解雇了。

恃才傲物的人總喜歡把自己的意志強加到別人頭上，以自己的態度作為別人態度的「嚮導」，認為別人都應該佩服並聽從他的看法或意見，稍有違背，則認為自己聰明而別人愚笨。他們不願改變自己的態度，即使明知自己錯了也是如此。他們自尊心極其強烈，在別人看來是件很小的事情，在他們看來卻是有礙顏面、對自尊心傷害極大的事情。他們不願自尊心受到傷害，便不擇手段的自我保護，哪怕對自己並無實在的好處。

恃才傲物的人只關心個人的需要，在人際交往中表現得也很自負。高興時海闊天空，不高興時則不分場合亂發脾氣，全然不考慮別人的情緒。他們凡事只以自己為中心，總認為自己是最傑出的人物，瞧不起「我」之外的所有人。他們往往固執的堅信自己的經驗和意見，從不輕易改變態度。

在我們的工作和生活中，這樣的人還不少。他們之所以如此，就是因為缺乏寬廣的心胸和謙虛的態度。謙虛的人總能夠從各種角度觀察事情，所以不會受某種思想的拘束，反而能夠擷取各種思想的優點，融會應用在行動中，提升自己的品質。謙虛是避免自大、避免自負的法寶，只有丟掉恃才傲物的壞毛病，虛懷若谷，才能在工作中不斷進步。

在職場，要肯從簡單的事情做起。唯有保持低調認真，才會為自己贏得更大的空間和更多的機會。如果自己不屑於做簡單的事情，而一心只想做大事，就會陷入盲目自大的陷阱，這對你的職場生涯非常不利；相反，如果你能做到認真工作，做一行愛一行，不僅把自己手上的簡單事做好，更做到完美，那麼時間久了，你的老闆自然就會注意到你的才智，你的努力就將為你贏得更可貴的機會。

在希爾頓大酒店流傳著這樣一個故事：

兩個年輕的大學畢業生傑克和湯姆應聘到希爾頓，起初他們對進入知名大企業感到非常興奮，可很快兩人就發現酒店並不是很重視他們，因為他們被安排去打掃走道衛生。

上班第一天，傑克和湯姆都還很雀躍，積極工作，盡量表現自己，然而這樣一過就是兩個月，傑克和湯姆還在打掃衛生，這時兩個人的心態就有了差別。

傑克不斷的埋怨酒店和經理，認為他們不懂得識別人材，自己明明是一名大學生，卻天天在這裡打掃衛生，真是大材小用。由於他心存不滿，開始變得懶散，總是遲到早退，不肯賣力幹活。湯姆卻一如既往認真的工作，很少發牢騷，他把這些當成是對自己的鍛鍊和考驗。他每天吹著口哨，很早就來到了希爾頓酒店，準備開始一天的工作；晚上下班時，他比誰走得都晚，因為他想，作為一個新員工，就應該多做一些，把工作做到好再休息，而不應浪費時間。

第三個月過去了，他們仍然做著清潔工的工作。傑克忍不住了，一氣之下辭了職。不過湯姆沒有跟著他一起走，還是安份的做著自己的清潔工作。又過了一個月，湯姆被叫到經理房間，經理任命他做客房部主管。

原來，從一開始進入酒店，經理就有意培養他們做客房部主管，可是這份工作需要極大的耐心，但是這種品質無法從外表看出，所以經理才想出了這樣的辦法來考驗他們倆人。果然，不夠踏實虛心的傑克，在無形的競爭中被淘汰出局了。

作為職場新人，雖然我們在知識和觀念上有一定的優勢，但與資深員工相比，無論在技能和經驗上，還是在綜合判斷能力上，我們都還是新手。

因此，儘管你可以為自己學歷高、有天賦而自豪，但你沒有理由不保持謙虛的態度，更沒有理由表現出一種高高在上的優越感。只有謙虛，資深的同事們才會真誠的接納你，在工作上給予你幫助和支持。

只有得到了大家的接納和認可，才能盡快融入公司，成為公司的一員。也只有謙虛好學，才能盡快將自己從學生狀態調整到職業人士狀態，盡快成為公司得力的悍將。

♔ 世界上有兩種人，一種是恃才傲物的人，另一種是認真低調的人。當他們在觀察半杯水時，恃才傲物的人看到的杯子總有一半是滿的，而認真低調的人看到的杯子則總有一半是空的。不同的看法，不同的心態決定了他們不同的命運。

08 要丟棄剛愎自用、固執己見的作風

一位哲人說：「剛愎與衝動，就是愚蠢的明證。」想像一下，十個當代最有名望的畫家齊聚一堂，圍繞著一張圓桌團團而坐，一起對擺在圓桌當中的一個蘋果進行素描。每一個人畫出來的蘋果都不會一樣，因為每一個人看到的角度都不相同。

「意見」也有同樣的道理。信念的異同，取決於身世與環境的各種因素，我們就是靠這些因素來決定我們的意見。固執己見的悲劇，在於它阻止了成長、進步和充實自己。它使我們自認為十全十美；但事實上，世界上沒有人永遠十全十美。固執己見者為了防衛自己的弱點，必然會被孤立而無法快樂，這已是不爭的結論。

你如何才能避免固執己見？只要你肯聽聽別人的想法，就可以做到。在任何時候你都應該意識到：你的意見可能是錯的！

嚴重的固執己見容易導致剛愎自用。固執己見是一種消極的習慣，

心胸開闊才是應有的態度。前者會導致失敗與孤立；後者則是獲得成功與友誼的保證。

只要你肯向別人伸出友誼的手，只要你肯學習別人的長處，只要你瞭解別人和我們一樣有獲得成功的權利，你就不會再堅持己見了。你內心的成功元素會再度展開活動，而內心的失敗元素自然就會偃旗息鼓了。

記住：永不改變自己意見的人是蠢人。生命的意義，就是改變。你每天的想法都會改變，道理很簡單，因為你每天都不一樣，而且每天的情況也不同，生命就是這個樣子。自然界也因四季的變換而依序進展。想像一下：如果一棵樹在春天時倔強的拒絕抽發新芽，如果一朵花倔強的拒絕開放，如果一株蔬菜或一粒果實倔強的拒絕生長或成熟，世界會變成什麼樣子？

你是否剛愎自用？你是否拒絕別人善意的提醒？你是否抗拒創造性的生活？抗拒微笑、友誼、寬恕和四海之內皆兄弟的觀念？

要想從有限的生命中求取更豐富的生活，從小就必須開始革除消極感。這種消極感，是培育頑固、剛愎、忌妒與惰性的溫床；這些習性能使你喪失抵抗力，而萎縮成微小的細菌。你是一個微小的細菌，還是一個完整的人？答案在於自己內心。只要你能寬恕自己、友愛他人，你就能克服剛愎自用的心理。

但是，假如你經過周詳的考慮之後，發現你的信念有價值，你就應該為這個信念而奮鬥。這並不是冥頑不化，而是建設性的決定，對你自己，對周圍的人，都有所裨益。

♔ 在日常生活中，有太多的人想要迫使別人接受自己的意見，因為我們總認為自己是對的。這種想法，使我們沒有改進自己的餘地，也在通往成功的路徑上設下了障礙。

09 徒然抱怨，不如去做自己該做的事

人生在世，不如意事十之八九。問題的關鍵在於我們如何去面對。明智的人會坦然面對，或者一笑了之，或者拋到腦後，或者轉移注意力，去做自己該做的事情。

每個人都會遇到不順心的事情，都會遇到煩惱，都會遇到挫折和困難，「萬事如意」不過是人們的美好祝願而已。無論在工作中，還是在生活中，總會聽到一些抱怨。甚至，有的人好像從來就沒有順心的事，無論什麼時候與他在一起，都會聽到他在不停的抱怨，訴說著自己的不滿與煩惱。就像一不小心掉入了抱怨的陷阱而不能自拔，且激烈掙扎。

世間的有些事情總是不可避免的，有些事情是無力改變的。比如：颱風帶來暴雨，地下室變成了一片沼澤，你天天抱怨天氣又能如何呢？鳥兒拉屎掉在你的頭上，你能去抱怨鳥兒不懂禮貌嗎？我們沒有權利控制風雨和鳥兒，同樣，我們也難以控制他人和社會。既然無法改變，就

應該泰然處之，就應該調整好自己的心態。萬萬不可掉進抱怨的陷阱，總是把那些不稱心如意的事情掛在嘴上，這就如同總是把一些垃圾堆在心裡，把幾片烏雲布在臉上一樣。抱怨不僅於事無補，而且總是把自己的心情搞得非常糟糕，影響自己的健康和幸福。

一位西方哲人說：「如果有一顆檸檬，我就做一杯檸檬水。」而有些人的做法常常與他相反。要是發現生活給自己的僅僅是一顆檸檬，他就會自暴自棄的說：「我不行了，這就是命運，世界太不公平了，我已經沒有機會了。」這就開始了抱怨，並逐步掉進抱怨的陷阱而苦苦掙扎。

其實，挫折和困難也是具有雙面性的。一方面，它像海浪一樣打擊人們的心靈，使人產生不滿與煩惱；另一方面，它又像雕塑家一樣塑造人們的心靈，使人產生追求和力量。只要我們坦然勇敢的去面對，就一定能夠忍受並戰勝它們。下面這個故事或許對我們有所啟示。

一位水管工的運氣很糟糕，先是車子的輪胎爆裂，再來是電鑽壞了，最後，他回家的車子也故障了。僱主只好開車送他回家。在門口，滿臉晦氣的水管工並沒有馬上進去，而是沉默了一陣子，伸出雙手去撫摸門旁一棵小樹的枝杈。待到打開門時，水管工已經笑逐顏開了。

僱主按捺不住好奇心問：「剛才你在門口的動作有什麼用意嗎？」

水管工爽快的回答：「這是我的『煩惱樹』，我在外面工作，總是會遇到一些不順心的事。可是，煩惱不能帶進門。我把它們掛在樹上，明天出門再拿走。奇怪的是，第二天我到樹前去，『煩惱』大半都不見了。」是的，我們大多數人所缺的並不是煩惱，而是這棵「煩惱樹」，讓我們也盡快栽上一棵吧！

掉進抱怨陷阱的一個重要原因是我們總喜歡去盯著別人，攀比別人，羨慕別人，而對於自己擁有的東西卻並不在意，不知道珍惜。父母總抱怨子女不夠聽話，子女總抱怨父母不理解他們；男朋友抱怨女朋友不夠溫柔，女朋友抱怨男朋友不夠體貼。然而，他們為什麼不想一想，擁有健全的父母、健康的兒女、親密的朋友是一件多麼幸福的事情啊！

一位著名的生涯規劃大師說過，能夠享受人生的人，不在於擁有財富的多少和地位的高低，也不在於成功和失敗，而在於會權衡得失，「不要計算已經失去的東西，多數數現在還剩下的東西」。這個簡單的建議，透出一種享受人生的智慧。

當然，每個人一定會有許許多多的不滿足，如：擁有的財富、掌握的權力、享受的物質、獲得的幸福等等。不滿足應該是好事，如果它能夠成為你進取的動力，並且你能夠正確的理解和把握。但是，千萬不要因為盲目羨慕別人、盲目追求物慾而掉進抱怨的陷阱。

不要抱怨生活。我們知道，人天生都有一種本性，叫做「貪婪」。即使在別人眼裡你是最好的，但是你自己還會經常抱怨自己的生活不盡如人意。生活就像自然界，有陰晴、有金秋、有冬雪，就看你如何對待它了。樂觀的對待生活，你就會感到非常快樂；悲觀的對待生活，你就會過得特別煩惱。

在自然界的生活當中，根本就沒有什麼是一成不變的。如果你不能很快的適應生活，不能在較短的時間內調整好心態，你將可能永遠都逃避不了煩惱。你一定要相信：一切都會變好的，我們的生活是美好的，我們要樂觀的對待生活，充滿自信的挑戰生活，只有這樣，勝利的大門才會為你敞開。

我們每個人在成長的道路上，都避免不了要走一些不應該走的彎路，做一些明明知道是錯誤還堅持去做的事情，也會遇到許許多多的挫折和磨難。抱怨是每個人見得最多、聽得最多、也是犯得最多的一種消極生活方式。

自從人來到世上的那一刻起，就已經注定你將要面臨的是那坎坷崎嶇的道路。因為，生命本該經歷這麼多的風雨。我們在許多方面，根本就控制不了自己的生活，但是我們可以跟生活進行爭鬥。如果你把自己的命運掌握在別人的手中，一味強調客觀，自己還剩下什麼呢？我們應當扼住生命的咽喉，不屈從於命運，努力奮鬥。因為只有這樣才能把握住自己的命運，生命才能綻放其特有的光華。或許你出身貧寒，或許你微不足道，但是千萬不要忘記了你擁有和命運作鬥爭的體魄和本領。

有這樣一個小故事：

一個人平均每天都會花費三個小時來抱怨。他每天打電話、寫信或談話，跟人述說這個世界有問題之處。十年過去了，這人不曾改變世界一點兒。由於他一直保持抱怨的生活態度，最後使這個人變得更加難過了。

知道嗎？抱怨是一種特別容易受感染的習慣，尤其是對同一辦公室或地區工作的人來說。當你周圍的人都是這種充滿抱怨的人時，你很有可能會在悄然間變成了一個抱怨的人。

真正的成功人士，當他們在面對種種障礙的時候，所能表現出來的情緒和行為與普通人所表現出來的有很大差別。一個成功的人士在面對別人的錯誤時，不是抱怨，而是教導和尋找錯誤的原因，並且能夠找出正確的方法進行彌補；當面對艱難險阻的時候，不是抱怨，而是竭盡全力的去征服；在面對諸多不公平的時候，不是抱怨，而是設法避免這種不公平在自己身上發生；當面對別人的誤解時，不是抱怨，而是加強溝通；當面對別人異樣的眼光時，不是抱怨，而是努力讓他人對自己投來刮目相看的眼光；當面對自己的情感受到傷害時，不是抱怨，而是付出更多的愛心去融化對方……

成功者之所以能做到這些，並不是由於這些成功者有較高的智商，最主要的是他們知道所有的抱怨和牢騷都是徒勞，除了能夠讓別人知道你在表示不滿之外，對於解決出現的問題和實現你的目標，都是毫無益處的，甚至很有可能會給你帶來讓你承受不了的更加糟糕的結果。就好像珠穆朗瑪峰不會由於登山者抱怨它的陡峭而發生絲毫的變化，麻煩也不會因為你的抱怨而自動消失。

♔

對於每一位想在事業上獲得成功、在家庭方面獲得幸福的人來說，最重要的是從現在就開始，必須徹底的拋掉抱怨，才有可能把我們心靈的殿堂變成天堂！

10 做人不能過分客套和謙讓

做人應該適當謙卑些，不能處處樹敵。但是，總是順著人也是很危險的，它無助於營造出和諧順利的人際關係。對許多人來說，對別人的要求或命令都採取同意、順從的態度已成了一條鐵律，他們不願讓別人失望，害怕因此激起請求者的惱怒和怨恨；他們希望藉由「百依百順」、「有求必應」來塑造和維護自己的「好人」與「能人」的形象；他們覺得「不」是一種排斥和否定，若是想與人和平相處，「不」就是一個禁忌。長久如此，他們不僅不說「不」，而且想說時，也不知如何去說。

是否一味的迎合、滿足他人的要求，就能營造出和諧溫馨的人際關係呢？當然不是。由於不能拒絕而言不由衷的說「是」，事後一方面會為勉強承諾而自陷困擾——接受你並不願意去的邀請；買一些你根本不需要的商品；陪人毫無趣味的聊天；忍受給你造成許多不便的來訪；做那些違背你的原則的事……這些事你勉力做著，但卻是滿懷厭煩和沮喪的做，這些厭煩、沮喪會損害你的人際關係。

另一方面，你會因此在生活的大部分時間裡都感到煩惱、失望和內疚，你感覺無力主宰自己的生活，擺出一副虛偽的面孔，說著連綿不斷的謊話，你的形象是如此蒼白可憐，以這種形象去與人交往，你又怎能為人所愛呢？有的時候，明知不能辦到卻應承下來，浪費了自己大量的時間與精力卻無濟於事，很容易招致朋友的惱怒，因為你誤了人家的事。

那麼，在日常交際上怎樣表現才得體呢？

一、不要太多禮節和客套

人際交往應當注重禮貌，尤其是初結識的朋友。然而，過度的客氣往往像一道無形的牆，隔斷雙方的進一步交流。人之相知，貴在知己。當人們經過初步的交往後，要省去太客氣的稱呼，略掉太客氣的種種規矩，坦然表露自己的所思、所感、所求。這樣，對方就會覺得你完全是用「自己人」的態度對待他。這樣，雙方的交往變得融洽無間。

「你要人家怎麼對待你，你就應當怎樣對待人。」這句格言提醒我們：如果老是把對方當成客人，那對方也不會把你當成親近的自家人。

二、不要太多自責

對交際中的失誤常作自責，以便及時糾正，當然是好事。但自責太多也無異是因噎廢食，作繭自縛。曾有個在這方面犯錯的人這樣講道：

「前些年，因工作需要，我常參加一些年終評審、成績考核之類的會議。我發言時，是好的，便盡力擺出其各種成績；是差的，便頗為尖銳的指出其不足。會終人散之時，我常常會自責：用詞太過，評論太偏。繼而擔心傳到當事人那兒，這樣一來，便有惶惶然不可終日之感。我便下決心以後不在這類會議上發言，此後在別的一些討論會上也緘默不言了。後來，讀了一些有關交際的論著，看到一位專家的提醒，對交際中的失誤，不要抱愧不已，自責不止。要知道，任何人在交際中都會或多或少有失誤，即使是有名望的領袖人物，有時也難免。當你自責不已時，過不了多久，那些與會的人士或許對你在會上的失誤早已忘卻了呢！更何況，當你下次以新的面貌出現在交際場合，對以往的失誤一一糾正時，大家都會對你刮目相看。」

不要沉湎於一時一事的失誤，不要過多自責，下決心糾正就可以了。

三、不要太謙讓

謙讓，是一種好品質。但在社交活動中謙讓太多，常會使很多鍛鍊機會失之交臂。有人這樣談過自己的一段感觸：有一位極善交際的朋友介紹說，他透過頻繁的社交活動獲得的益處數不勝數。他的訣竅是七個字：「『勇』字當頭愛社交。」他認為，人的能力是在實踐中磨練出來的，看再多的社交書籍而不實踐，社交能力不可能增長。

他不斷主動尋找社交活動的機會。工作上有什麼事需要與人交涉，遇到什麼重要的接待工作，他會把許多這類工作包攬下來，結果常常把許多事辦得妥帖穩當；朋友間碰到需要「打交道」的難題，他會急人所急，或出謀劃策，或牽線搭橋，或助人一臂之力……在這些事中，他的社交能力迅速提高。

♔ 不要考慮太多的禮節而過多的自責，以及過多的謙讓。

11 在生活中不能濫用寬容和隱忍

沒有底線的隱忍和大度經常會被解讀為：不在乎、無所謂。有時還會被認為是「好欺負」。

電影《吉爾的妻子》講述的是多年前發生在法國一個小城鎮的故事。主角是鋼鐵廠工人吉爾的妻子艾麗莎。她成天忙著做飯、打掃屋子、縫紉衣服、輔導孩子識字等，對丈夫的要求從來都是百依百順。從她每次注視丈夫時那種充滿愛憐、喜悅和欣賞的眼光就知道她的幸福和滿足。

事情發生時，他們已經有了一對六歲左右的雙胞胎女兒，並且艾麗莎又懷孕了。那件「事情」就是艾麗莎的妹妹維克多莉插足了艾麗莎的家庭。因為怕失去丈夫，艾麗莎採取的解決方法是：沉默、隱忍和等待。

艾麗莎的隱忍是超乎尋常的，她不僅要忍受丈夫和妹妹的不忠，還要忍受丈夫的幼稚和以自我為中心。

影片中最讓人心驚的一幕是：吉爾，那個長著一張娃娃臉的艾麗莎丈夫，在他知道維克多莉另有所愛後的一天晚上，他先向艾麗莎承認了自己愛上了妻妹，然後突然的，不顧熟睡的孩子們，不顧眼前妻子的感受，雙手捶著桌子，大聲喊叫著：「她是我的！她是我的！」艾麗莎怕嚇醒孩子，衝到桌前緊緊抱住丈夫的頭，就如同母親抱住孩子，而在她懷中的丈夫還在肆無忌憚的哭訴：「如果我不愛她，我就不會有這些感覺，當她把自己獻給我時……」這個做丈夫的，如同一個任性妄為的孩子，不加掩飾的、放肆的在自己妻子面前高喊著他對妻妹瘋狂的迷戀。

艾麗莎一直沒有說話，在丈夫再一次雙手舉向空中大叫時，她堅定的抓住丈夫的手，在他對面的椅子上坐下，她就那樣緊緊的握住丈夫的手，渾身發抖，面無表情，一言不發。因為抓得太緊，弄疼了丈夫，這才讓丈夫和自己清醒過來。

那樣的時刻，艾麗莎也許已經「心碎」了……

從那以後，艾麗莎因為怕失去丈夫，選擇了不僅繼續容忍，而且還幫助丈夫尋找接近自己妹妹的機會，比如：陪著丈夫回娘家，代丈夫跟蹤自己的妹妹。直到有一天，丈夫說：「我見到維克多莉了，我對她已經沒感覺了。我知道自己犯了一個錯誤，我毀了屬於我的快樂。」

艾麗莎的丈夫回頭了，他長大了，知道替艾麗莎分擔家務了，比如：種菜、做早餐、帶孩子。可是，這時的艾麗莎卻似乎回不來了，她的心，一如她家滿園的枯枝落葉，一片片碎落而乾枯。

終於有一天，一家人又開始了那種平靜的日子。此時，一幅畫面讓人印象深刻，五口之家安詳的坐在門前曬太陽，小兒子在大人的攙扶下蹣跚學步。可是，那以後的一天，毫無徵兆的，艾麗莎從頂樓上跳下結束了自己的生命，未留下隻字片語。

為什麼艾麗莎在最終得到了她想要的之後，還會選擇自殺？有人說，她是因為丈夫回來後缺乏了往日的激情。如果真是這個原因，她完全可以像上次一樣再次等待——而且很顯然，這次的等待絕不會比上一次艱難。那麼，究竟是什麼促使她做出了這樣的選擇？

從精神分析學的角度看，艾麗莎是以這樣一種方式完成了對丈夫的懲罰。但是考慮到艾麗莎是那樣的善良、利他，這個可能性也許不存在。

艾麗莎的放棄，可以用存在主義加以解釋：丈夫的不忠讓艾麗莎對自己存在的意義和價值產生了動搖。

世界上，沒有一種正常的關係能夠容忍不忠誠，更不用說夫妻這種極其親密的關係了。不忠誠之所以會對關係造成極大的殺傷力，關鍵在於，一方的不忠會讓另一方懷疑自己的價值和存在的意義，從根本上動搖一個人對自己的信心和自尊。

但是，讓艾麗莎對自己的價值產生懷疑的只有她丈夫嗎？艾麗莎自己有沒有責任呢？如果時光可以倒流，艾麗莎是不是還可以有些別的方法來挽救自己的婚姻和自己？

當然，艾麗莎已經做得非常令人驚異了。她沒有大哭大鬧，沒有到處哭訴，在整個過程中，她不僅依然非常好的履行自己為人妻、為人母的責任，而且非常顧及其他人的感受：孩子們的、丈夫的、妹妹的、媽媽的。她對丈夫說：「我在等待，等待一切都過去。」她對神父說：「……我沒有吵鬧，我瞭解我的丈夫，那樣他就會離開我。」

艾麗莎認為解決丈夫外遇的方法只有兩個：一個是隱忍，一個是吵鬧。這就是關鍵所在了。生活上的問題和數學題是完全一樣的，都是可以一題多解的，在某種意義上，生活中的問題還可以有比數學題更寬泛的解法。

比如，如果艾麗莎在事情開始發生後就能把自己的痛苦、憤怒、擔心和屈辱的感覺表達出來，讓丈夫瞭解這些，而不是「假裝一無所知」和「隱忍」；如果她在一開始就把自己的底線畫出來，讓丈夫明瞭她要恢復家庭完整的決心，而不是「誤導丈夫」；如果她知道關心自己，正視並安撫自己受傷的心，而不是忽視甚至壓抑自己的痛苦；如果她一開始就讓丈夫知道，他們是兩個彼此獨立的成年人，他遇到的事應該由他自己去處理；如果她給予丈夫的是信任而不是放任，那麼她的丈夫就不至於濫用妻子的寬容和善良，並且會很快對自己的行為負起責來……這一切「如果」都存在，那麼艾麗莎的自尊、情感、自信也就不會被肆意踐踏，也不至於被傷得體無完膚，乃至於身心破碎。

艾麗莎以為隱忍和大度就可以解決問題——不是的，這不是解決問題的建設性方法，相反，它會誤導別人，讓別人失去瞭解她真實想法的機會，以為她沒有那麼痛苦，沒有那麼在乎。

在這個誤會中，艾麗莎的隱忍與寬容被一次次濫用，自我價值感被一次次否定。艾麗莎雖然找回了丈夫，卻失去了尊嚴，失去了對自己的認同，不知道自己是誰，將往何處去。因為當初沒有設置底線，艾麗莎迷失了自己，她在被別人背叛的同時背叛了自己，她無法忍受自己對自己的背叛，於是，對自己進行了懲罰。

這個故事告訴我們：無論你的愛有多深，都不能拿自己的原則做交易；無論你的愛有多深，都不能背叛自己；無論別人是否忠實於你，你都要首先忠實於自己；無論別人怎樣對你，你都要小心的愛護自己；無論你有多麼的身不由己，你都要學習傾聽自己的心聲，守護住你自己。

♔ 在生活中要樹立正確的處世態度，擔負行使正義的義務的同時，要注意保護自己基本的權益，對自己也要盡量公正些！

12 忍讓和寬恕須把握一定的限度

與人相處的時候，忍讓和寬恕是一種美德，但是，必須把握住一定的限度，在無關緊要的小事上不必斤斤計較，但在原則問題上絕不能退讓。

一個人如果不敢堅持原則，以犧牲根本的東西來換取一時的苟安，他也就失去了做人的尊嚴和價值，在人們的眼中，這樣的人只能是窩囊無能、懦夫的形象，只能是個「受氣包」的形象。

哲學上常常把限度作為質和量的統一。也就是說，在限度之中間，包含了具有一定量和質的結合；在限度之中，事物的性質變化於一定的範圍之內，不會出現根本性的變化。而一旦超出了這個限度，事物的性質便會出現新的特點，正如水在攝氏一百度之內仍然是水，可是一旦燒開便成了氣體一樣。在採取忍耐策略的時候，也有一個限度。怎樣把握這種限度呢？

一、下不為例，事不過三

所謂「事不過三」，是人們對同一對象的寬容和忍讓，可以一次、兩次，但絕不可一再退讓。忍讓到一定程度，必須有所表示，使對方真正認識到你的退讓不是一種害怕和無能，而只是出於一種大度，因而不再繼續下去。

在日常生活中，經常有這樣一些不識好歹的人，他們為所欲為，得寸進尺，把別人的忍讓當成是好欺負，可以佔便宜，因此一而再，再而三的步步進逼。對待這種人，在經過幾次忍讓之後，看清了其真面目，便不應再忍讓下去，可以適當的給對方一點顏色看看，並透過正當的方式勇敢的捍衛自己的權利，這樣，使對方認識到自己的不是。

當然，這種方式和途徑可以是多種多樣的，但目的都是一個，就是讓對方瞭解你真正的態度，及時改變或收斂自己不適當的言行。

二、對方得寸進尺時，不可再忍

有些人在侵犯別人的某種利益和權限之時，由於對方採取了忍的態度，使之能夠得逞。可是，這種人在得逞之後，又發現了新的目標、新的利益，因而刺激了其貪慾，以至於使原來對你的侵犯更加變本加厲。這時，作為當事人，便不能依然保持一種忍的態度，而必須隨著事物性質的變化而考慮予以反擊和抵抗。

在日常生活中，這種情況是經常發生的。之所以會這樣，就在於那些不識好歹的人常常會由於得到某些不公正的利益之後，使自己的行為在一種惡性膨脹的邪念驅動下，由一般的越軌而發展為犯罪。如果是這樣，我們便不可再一味的忍讓下去了。

三、自己瀕臨「絕境」時，不能再忍

忍無可忍的情況通常出現在一些公共場合之中。有些人以為別人也不認識自己，而且以後彼此間很難還會有相遇的機會，因而處於一種匿名者的狀態中。這樣一種狀態往往使人在一定程度上擺脫過去所承擔的某些義務和責任，也會不同程度的放鬆良心對自己的約束，因而發生和做出一些不道德的、過分的行為舉止。

例如：在火車上、在公園裡、在公車裡等等。非常有意思的是，在這種公共場合中，有些人也常常抱著一種大事化小、小事化無，盡量少惹麻煩的心理，對於一些過分的、帶有攻擊性的行為持忍的態度。這樣一方是咄咄逼人，另一方卻又是息事寧人，很容易造成一種有利於某些人不斷膨脹其侵犯心理的環境和條件。但是，也恰恰是在這種情況下，由於有些人肆無忌憚的一意孤行，也很容易把人們逼到一種「絕境」，以至於產生一種忍無可忍的心理。

成熟的人懂得：要保持自己的骨氣，把自己的刀劍插入刀鞘，但需要自衛時要毫不猶豫的拔出來。既然你已經躲不過去了，還不如趁早解決為佳。

四、人應該適當的有一點鋒芒

人的行為很容易受習慣的支配，只要屈服過一次，就會一而再、再而三的屈服下去，不失時機的在人前稍顯勇氣，是不可忽略的處世之智。不要成為受氣包，一旦生氣就應果斷的用行動表達出來。

俗話說：「柿子挑軟的捏。」人們發火生氣時也往往找那些軟弱善良者發洩。因為大家都清楚，這樣做並不會招致什麼值得憂慮的後果。在我們身邊的環境裡，到處都有這樣的受氣者，他們看起來軟弱可欺，最終也必然為人所欺。一個人表面上的軟弱，事實上助長和縱容了別人侵犯你的慾望。

我們要知道保持勇氣的重要性，不要過分抬高他人，以至對之心懷敬畏。沒有誰能超越人性的局限。上司只是職位比別人高些，權威只是一種地位帶來的表面力量而已。

♛

其實，為了保障自己必要的權利，人是應該有一點鋒芒的。雖然不必像刺蝟那樣全副武裝，渾身帶刺，至少也要讓那些兇猛的動物們感到無從下口，有所忌憚。

13 改正可能阻礙事業發展的行為模式

古希臘神殿門上的德爾菲神諭說：「認識你自己。」每個人都有自己的天份、優點、缺點，當你能完全掌握自己的特質以後，改善缺點、強化優點，那麼你在人生的道路上才會順利與有所發揮。

美國哈佛商學院MBA生涯發展中心主任華得盧與巴特勒博士，接受《財星》五百大企業委託，擔任咨詢顧問或教練，協助這些明明被看好，卻表現不佳，快要被炒魷魚的主管；或是即將被晉陞到最高階層，但是卻有個性特質障礙的經理；或是表現不錯，但是潛力有待發揮的企業員工。此外，他們也長期輔導哈佛大學商學院的畢業生。二十多年來，華得盧與巴特勒成功的輔導了上千個「晉陞者」。

為什麼有才華的人會失敗？怎樣避免失敗？為了回答上述問題，華得盧和巴特勒經過二十年的研究完成了《別和成功擦肩而過》一書。

什麼樣的行為模式，會成為致命缺陷，嚴重的阻礙事業生涯？華得盧與巴特勒歸納出如下十二項行為模式：

一、永遠覺得自己不夠好

這種人患有「事業的懼高症」。他聰明、富有經驗，但是一旦被拔擢，反而毫無自信，覺得自己不適任。此外，他也沒有往上爬的野心，他覺得自己的職位已經太高，或許低一兩級可能還比較適合。這種自我破壞與自我限制的行為，有時候是無意識的。但是，身為企業中、高級主管，這種無意識的行為卻會讓企業付出很大的代價。一位從基層做起、領導過無數優秀部屬的公司董事長，看過很多這樣的人。他說：「他們沒有給自己打一個對的分數，這些人對自己的看法是負面的，總覺得有成就是因為運氣好。所以，主管必須協助這種人，把自我形象扭轉為正面。」

二、非黑即白的看世界

他們眼中的世界非黑即白，他們相信，一切事物都應該像有標準答案的考試一樣，客觀的評定優劣。他們總是覺得自己在捍衛信念、堅持原則，但是，這些原則，別人可能完全不以為意。結果，這種人總是孤軍奮戰，常打敗仗。企業對這種人的容忍度正在降低，因為很難有人跟他相處。比較可能容忍這種行為的領域是藝術或研發部門。愈遠離市場需求，愈適合他們。對於這樣的人來說，只有不斷的進行自我調適，才可能活得更好。

三、做太多，要求太嚴格

他們要求自己是英雄，也嚴格要求別人到達他的水準。在工作上，他們要求自己與部屬「更多、更快、更好」，恨不得一週七天，每天二十四小時都在工作。他的部屬被「趕」得精疲力竭，紛紛「跳船求生」，留下來的人更累，結果離職率節節升高，造成企業的負擔。

這種人從小就被灌輸「你可以做得更好」的觀念，所以他們不停的工作，停下來就覺得空虛。年輕的人特別容易產生這種行為模式，而且很難改掉。華得盧與巴特勒指出，這種人適合獨立工作，如果當主管，必須要僱用一位專門人員，當他對部屬要求太多時，直言不諱的提醒他。

四、和平至上

這種人不惜一切代價，避免衝突。其實，不同意見與衝突，反而可以激發活力與創造力。一位本來應當為部屬據理力爭的主管，為了迴避衝突，可能被部屬或其他部門看扁。為了維持和平，他們壓抑感情，結果，他們嚴重缺乏面對衝突、解決衝突的能力。這種人的性格不易改變，但絕對可以看情況進行適當的調適。

五、強橫的壓制反對者

一般說來，男性比較容易有這種性格，他們言行強硬，毫不留情，就像一部推土機，凡阻擋去路者，一律剷平，因為橫衝直撞，攻擊性過強，不懂得繞道的技巧，結果，危及自己的事業生涯。

對於這種凡事「先發制人」的人，華得盧與巴特勒認為，必須訓練他們具有同理心，學會「你願意別人怎麼對待你，你也要怎麼對待別人」的真諦，與別人和平相處。

六、天生叛逆

在美國社會與商界，革命者的天生叛逆性格相當重要，他們為了某種理想，奮鬥不懈。在穩定的社會或企業中，這些人總是很快表明立場，覺得妥協就是屈辱，如果沒有人注意他，他們會變本加厲，直到有人注意為止。通常，人們覺得他們「喜歡引人側目」。

對於這種人，華得盧與巴特勒認為，他們應該指定一位同伴，在他開始叛逆時，有效制止。

七、急功近利

這種人過度自信、急於成功，就好像棒球打擊者一天到晚夢想擊出全壘打。他們不切實際，找工作時，不是龍頭企業則免談，否則就自立門戶。進入大企業工作，他們大多自告奮勇，要求負責超過自己能力的工作。結果任務未達成，但是他不會停止揮棒，反而想用更高的功績來彌補之前的承諾，結果成了常敗將軍。

華得盧與巴特勒指出，這種人大多是心理上缺乏肯定。必須找出心理根源，才能停止不斷想揮棒的行為。除此之外，也必須強制自己「不作為，不行動」。

八、過分消極

他們是典型的悲觀論者，常常杞人憂天。採取行動之前，他會想像一切負面的結果，感到焦慮不安。因為太在意羞愧感，甚至擔心部屬會出狀況，讓他難堪。這種人擔任主管，會遇事拖延，按兵不動。

哈佛大學的著名校友、美國歷史上最著名的總統之一羅斯福說：「我們唯一需要害怕的，是害怕本身。」

華得盧與巴特勒認為，這種人必須訓練自己，在考慮任何事情時，必須列出清單，同時列出利與弊、改變與維持現狀的差異，控制心中的恐懼，讓自己變得更有行動力。

九、冷漠無情

這種人完全不瞭解人性，很難瞭解恐懼、愛、憤怒、貪婪及憐憫等情緒。他們打電話時，連基本的禮貌性問候語都不說，直接切入正題，缺乏將心比心的能力，他們想把情緒因素排除在決策過程之外。工程師、會計師等專業人士，常有這樣的行為模式。

華得盧與巴特勒指出，這種人必須為自己做一次「情緒檢查」，瞭解自己對哪些感覺較敏感？問問朋友或同事，是否發現你忽略別人感受的行為，搜集自己行為模式的實際案例，重新演練整個情境，改變行為。

十、眼高手低

他們常說：「這些工作真無聊。」但是，他們內心的真正感覺是：「我做不好任何工作。」他們希望年紀輕輕就功成名就，但是又不喜歡學習、求助或徵詢意見。因為這樣會被人以為他們「不適任」，所以他們只好裝懂。而且，他們要求完美卻又嚴重拖延，導致工作嚴重癱瘓。華得盧與巴特勒認為，這種人必須自我檢討，並且學會面對失敗，因為，失敗是成功的夥伴。

十一、說話不分場合

不懂交際的人不知道，有些事可以公開談，有些事只能私下說。他們通常都是好人，沒有心機。但是，古諺說：「通往地獄之路是由善意鋪成。」在講究組織層級的企業，這種管不住嘴巴的人，只會斷送事業生涯。這樣的人，必須隨時為自己豎立警告標示，提醒自己什麼可以說，什麼不能說。

十二、缺乏歸屬感

他們覺得自己失去了生涯的方向，「我走的路到底對不對？」他們這樣懷疑。他們常有無力感，認為自己的角色可有可無，跟不上別人，沒有歸屬感，因而感到挫折。華得盧與巴特勒認為，應該重新找出自己的價值與關心的事情，因為，這是一個人生命的最終本質。

♔努力改正可能阻礙事業發展的行為模式，會讓你在事業發展上從此一片坦途。

永續圖書線上購物網
讀品文化事業有限公司
WWW.foreverbooks.com.tw
yungjiuh@ms45.hinet.net

全方位學習系列 71

選擇對了，你可以有更走運的人生

編　　著　何佳宜
出 版 者　讀品文化事業有限公司
執行編輯　林秀如
美術編輯　林鈺恆
內文排版　姚恩涵

總 經 銷　永續圖書有限公司
TEL／(02)86473663
FAX／(02)86473660
劃撥帳號　18669219
地　　址　22103　新北市汐止區大同路三段 194 號 9 樓之 1
TEL／(02)86473663
FAX／(02)86473660
出 版 日　2019年06月

法律顧問　方圓法律事務所　涂成樞律師
CVS代理　美璟文化有限公司
TEL／(02)27239968
FAX／(02)27239668

國家圖書館出版品預行編目資料

選擇對了,你可以有更走運的人生 / 何佳宜編著.
-- 初版. -- 新北市 : 讀品文化, 民108.06
面 ; 公分. -- (全方位學習系列 ; 71)
ISBN 978-986-453-099-1(平裝)
1.成功法 2.自我實現
177.2　　108005817

選擇對了，你可以有更走運的人生 （讀品讀者回函卡）

■ 謝謝您購買本書，請詳細填寫本卡各欄後寄回，我們每月將抽選一百名回函讀者寄出精美禮物，並享有生日當月購書優惠！
想知道更多更即時的消息，請搜尋"永續圖書粉絲團"

■ 您也可以使用傳真或是掃描圖檔寄回公司信箱，謝謝。
傳真電話：（02）8647-3660　信箱：yungjiuh@ms45.hinet.net

◆ 姓名：　□男　□女　□單身　□已婚

◆ 生日：　□非會員　□已是會員

◆ E-Mail：　電話：（ ）

◆ 地址：

◆ 學歷：□高中及以下　□專科或大學　□研究所以上　□其他

◆ 職業：□學生　□資訊　□製造　□行銷　□服務　□金融
□傳播　□公教　□軍警　□自由　□家管　□其他

◆ 閱讀嗜好：□兩性　□心理　□勵志　□傳記　□文學　□健康
□財經　□企管　□行銷　□休閒　□小說　□其他

◆ 您平均一年購書：□ 5本以下　□ 6～10本　□ 11～20
□ 21～30本以下　□ 30本以上

◆ 購買此書的金額：

◆ 購自：　市(縣)
□連鎖書店　□一般書局　□量販店　□超商　□書展
□郵購　□網路訂購　□其他

◆ 您購買此書的原因：□書名　□作者　□內容　□封面
□版面設計　□其他

◆ 建議改進：□內容　□封面　□版面設計　□其他

您的建議：

剪下後傳真、掃描或寄回至「22103新北市汐止區大同路三段194號9樓之1讀品文化收」